LES INDIGÈNES ALGÉRIENS

PRIX : 2 FR. 50 C.

LES
INDIGÈNES ALGÉRIENS

LEUR ÉTAT CIVIL ET LEUR CONDITION JURIDIQUE

PAR

AIMÉ POIVRE

Avocat à la Cour impériale d'Alger

« Le droit de conquête est un droit nécessaire,
« légitime et malheureux, qui laisse toujours à
« payer une dette immense pour s'acquitter en-
« vers la nature humaine. »

MONTESQUIEU.
Esprit des Lois, liv. X, ch. IV.

ALGER
LIBRAIRIE ALGÉRIENNE DE DUBOS FRÈRES
A. DUBOS, SUCCESSEUR

1862

AVANT-PROPOS

J'ai fait cet opuscule pour les stagiaires du Barreau d'Alger, afin de leur donner un aperçu de la condition juridique des Indigènes de l'Algérie, et de leur faciliter des recherches qui sont souvent difficiles.

Je me suis décidé à relier ensemble quelques notes que j'ai prises depuis plusieurs années sur les questions qui se présentent le plus fréquemment devant nos tribunaux, parce que je sais combien on rencontre de difficultés dans le maniement de l'immense appareil de lois et d'arrêtés qui régissent l'Algérie.

Je n'ai pas eu la prétention de créer sur chacun des points que j'examine une doctrine qui me fût propre ; mais j'ai pris le soin d'indiquer toujours la raison des solutions vers lesquelles mon esprit m'a le plus volontiers entraîné. Il est donc bien entendu que ce n'est point un enseignement que je mets sous les yeux de mes jeunes confrères, mais plutôt une série de difficultés au milieu desquelles j'essaye de les piloter, et sur lesquelles on manque généralement de notions *à priori*, assez complètes pour se tirer d'affaire quand ces difficultés se présentent.

Je n'envisage la condition des Indigènes que sur la surface qui est en contact avec nos institutions judiciaires et sur les principaux points de la vie civile où ils entrent en relation avec les Européens.

Si je n'examine ni les successions entre Musulmans, ni leurs mariages, c'est d'abord parce que leurs lois à cet égard n'ont subi aucune altération ; ensuite, parce que les questions qui s'y rattachent ne sont soumises à l'appréciation des tribunaux français que depuis une année environ, et que l'expérience, en ce qui les concerne, n'est pas aussi complète que pour ce qui est des Israélites, justiciables de nos tribunaux depuis l'ordonnance de 1841.

Sauf les matières que je viens d'indiquer, je crois avoir passé en revue ce qu'il y a de plus important à signaler parmi les difficultés que soulève l'application de la législation algérienne en ce qui concerne les Indigènes.

Si imparfaite que soit cette ébauche, j'espère qu'elle pourra servir de guide à mes jeunes confrères dans la recherche des textes qu'il faut comparer et coordonner pour se faire une opinion juridique sur les diverses questions qui s'agitent devant nos tribunaux.

Je serais heureux si l'insuffisance de ce travail provoquait en eux le désir de combler les lacunes qu'ils pourront reconnaître, et si je contribuais ainsi à leur inspirer un goût plus prononcé pour des études historiques sur la législation de l'Algérie et sur ses institutions judiciaires.

Parmi les nombreuses questions qui se présentent ici, et qui s'offrent plus particulièrement aux méditations des juristes, il m'a toujours paru qu'il ne serait pas sans intérêt pour l'Algérie de rechercher quelle a été l'influence générale de la législation française sur le sort de ce pays, quels sont les avantages ou les inconvénients du régime législatif auquel il a été soumis avant et depuis la constitution de 1852, quel a été et quel doit être encore le rôle des magistrats et des administrateurs chargés d'appliquer cet amalgame d'arrêtés, d'ordonnances, de lois et de décrets, dont l'abondance cause si souvent des embarras sérieux.

Si l'on parvenait ainsi à dégager la part, soit en bien,

soit en mal, qui peut incomber aux divers législateurs de l'Algérie, celle qui revient au pouvoir judiciaire et celle qui doit être mise au compte de l'administration proprement dite, chacun pourrait être taxé selon ses œuvres et avec plus de justice qu'on ne le fait.

Il y a là une belle carrière à exploiter dont les matériaux, tirés de l'oubli qui les couvre et mis en œuvre avec le discernement qu'ils réclament à cause de leur nombre, pourraient servir à éclairer les origines et l'esprit des institutions de l'Algérie, qu'il faut consulter dans bien des circonstances. Un travail qui aurait en vue cette restitution du passé de l'Algérie serait donc encore d'une grande utilité pratique. Au point de vue historique, il aurait aussi sa raison d'être ; car, on l'a dit avec vérité : « tout a sa valeur et son prix quand il s'agit de ressaisir « la chaîne infinie de causes dont le présent est le dernier « anneau. »

A côté de l'intérêt qu'offre le passé de l'Algérie, à ces divers points de vue, viennent se placer les solutions que réclame le présent. Elles sont si nombreuses, et la situation sociale de l'Algérie est tellement anormale et complexe, qu'il est du devoir de tous ceux qui s'intéressent à l'œuvre de la civilisation de consacrer une partie de leur activité à rechercher et à signaler les causes qui s'opposent à ses progrès. Au nombre de ces obstacles, on trouve, sur le premier plan, le conflit radical qui existe, d'une part, entre les mœurs ou les coutumes des Indigènes, et, d'autre part, entre les lois qui constituent l'ordre social que nous voulons asseoir et développer en Algérie.

Quel est le remède qui convient à cette situation ?

Je crois qu'il doit consister dans une transaction qui

fasse mieux ressortir la part de chacune des deux puis-
sances dont j'ai indiqué l'antagonisme, et qu'en défini-
tive la raison et la loi doivent l'emporter sur *l'habitude*
qui maintient seule un état de choses que nous avon
pris en tutelle et que nous voulons transformer.

A l'égard des pays conquis, les Romains attachaien
une grande importance à l'exercice de l'autorité souveraine ; mais ils toléraient toutes les coutumes des vaincus, bonnes ou mauvaises. Je crois qu'il y a mieux à fair
en Algérie ; que la France doit chercher à y détruire le
préjugés et les habitudes nuisibles, et, comme dit Mon
tesquieu, que notre conquête doit mettre la nation vain
cue sous un meilleur génie. En un mot, donner à l
loi toute la suprématie que réclament la raison et la civi
lisation, telle est la pensée qui me paraît devoir préside
à la direction de ce pays.

Cette action de la loi s'est-elle exercée jusqu'à ce jou
dans toute sa plénitude, avec toute la hardiesse que com
portaient les circonstances et les besoins du pays ? J'en
tends soutenir le contraire très-souvent, et la pensée qu
sert de lien à cet essai est toute imbue de l'opinion qu'i
existe un grand nombre de points dans la législation de
Indigènes qui nécessitent l'intervention du législateur
Je m'estimerais très-heureux si je pouvais hâter cette in
tervention de la loi, et contribuer ainsi à la réalisation d
bien ou du mieux toujours promis, toujours poursuivi e
si patiemment attendu par le pays !

Alger, le 25 janvier 1862.

A. POIVRE.

CHAPITRE PREMIER

De l'influence de la loi comme moyen de civilisation.

Influences diverses qui agissent sur la civilisation. — Action de la loi sur le caractère d'une nation et sur ses habitudes. — La loi devance le progrès des mœurs. — De son efficacité pour l'éducation civile des Indigènes. — Temporisation du législateur. — Motifs de son inaction. — Résultats peu satisfaisants pour l'intérêt général. — Premières tentatives de réformes. — Obstacles qu'elles ont rencontrés. — Leur caractère.

Dans toute société l'œuvre de la civilisation se lie à une infinité de causes et de faits dont l'action, plus ou moins lente et sensible, peut se mesurer à des points de vue très-divers. C'est surtout par l'observation attentive du jeu des principaux ressorts qui fonctionnent dans une société, qu'il est possible de reconnaître les causes ou les moteurs qui exercent un rôle prépondérant dans la marche de la civilisation, ou dans les retards qu'elle subit.

Parmi les instruments de civilisation les plus puissants, il faut noter en première ligne l'action générale de la législation et celle de la jurisprudence.

Il y a longtemps que cette influence de la loi a été reconnue. Montesquieu, qui l'avait spécialement étudiée dans les législations anciennes, l'indique, d'une manière générale, dans les termes suivants :

« Plusieurs choses gouvernent les hommes : le climat, la
« religion, les lois, les maximes du gouvernement, les exem-
« ples des choses passées, les mœurs, les manières ; d'où
« il se forme un esprit général qui en résulte. »

« A mesure que dans chaque nation une de ces causes
« agît avec plus de force, les autres lui cèdent (1). »

Le résumé des nombreuses observations que cet important sujet fournit à Montesquieu, peut se traduire par ces remarques essentielles : C'est que la légistation forme les mœurs générales d'une nation ; que plus les lois relèvent la dignité de l'homme en respectant l'égalité, plus il recherche l'estime de ses concitoyens, et plus aussi la société y trouve de garanties.

Cette puissance si étendue de la loi n'a pas besoin d'un grand appareil de démonstration. Il est évident, en effet, que c'est par l'accession de tous les individus à la vie civile, e par leur participation aux mêmes droits et aux mêmes char-ges, que naissent les habitudes sociales et les usages géné-raux qui contribuent tant à former cet esprit général don parle Montesquieu.

Ces considérations philosophiques sur la portée des lois n'ont pas été perdues de vue lors des travaux préparatoires de nos Codes, et M. Saint-Aubin les reproduisait devant le Tribunat dans des termes que nous devons encore citer.

« Le plus souvent, disait cet orateur, la civilisation et le
« progrès des lumières amènent des changements dans le
« gouvernement et dans les lois ; parfois aussi, et cela es
« plus désirable, un changement dans les lois favorise la
« civilisation et le progrès des lumières : dans l'un et l'autre
« cas le caractère national subit des changements et c'es
« toujours en bien (2) »

En signalant cet empire de la loi sur le caractère de la civilisation, nous ne prétendons pas en induire que le légis-lateur crée les mœurs privées en pénétrant dans le for inté-rieur du citoyen par les règles qu'il édicte ; nous voulons seulement indiquer la puissance de la loi comme moyen

(1) *Esprit des Lois*, livre XIX, chap iv.
(2) Fenet, *Travaux préparatoires du Code civil*, t. VI, p. 505.

d'action sur les mœurs sociales, sur les mœurs politiques et
sur tout ce qui constitue le train ordinaire de la vie publique
d'un peuple. Notre but est, en un mot, d'établir que « la
« législation, comme le dit si bien Victor Hennequin, par
« les principes qu'elle formule et sanctionne, a quelquefois
« devancé le progrès des mœurs et lui a toujours donné
« une consécration que rien ne remplace (1). »

Des remarques qui précèdent nous pouvons dès maintenant formuler une conclusion dont nous nous servirons
dans la suite pour hâter les réformes de la législation du
pays : c'est qu'il existe entre le développement de la législation
et celui de la société une intime correspondance et en quelque sorte une action réciproque ; que cette double action,
nécessaire et plus ou moins latente ou inaperçue à l'origine
de toute société, n'est cependant pas sans but et sans direction ; qu'au-dessus d'elle, et comme pour en régler la marche, dominent toujours les maximes de l'Etat, son but politique, c'est-à-dire la réalisation de l'idéal de justice conçu
par la société, et enfin les destinées que le législateur souverain du monde assigne à chaque nation.

Si nous ne faisons qu'effleurer ici ces réflexions générales
sur la portée de la loi, c'est afin de constater que sur différents points, susceptibles de recevoir l'empreinte de notre
civilisation, les législateurs de l'Algérie ont trop longtemps
tardé à se servir de ce puissant instrument de civilisation,
comme moyen d'éducation politique. Nous n'hésitons pas à
croire que, par cette lente inflexion de la loi sur les individus et sur leurs actes, on aurait amené les populations indigènes à la pratique de nos mœurs sociales, civiles et écono-
miques, bien plus vite que par l'effet d'une domination matérielle, soutenue par l'intimidation.

Sans doute cette temporisation du législateur était fondée
sur le respect des promesses contenues dans les capitula-

(1) *Introduction historique à l'étude de la législation française.*
— (Les Juifs). — t. I, p. 10.

tions accordées aux Indigènes ; mais il ne serait pas difficile de démontrer que l'inaction inspirée par ce noble sentiment n'a pas toujours été utile aux vaincus et encore moins aux intérêts de la France.

Nous comprenons aussi qu'à l'origine de la conquête, il y a eu un malaise et des difficultés inévitables qui sont nés de l'intrusion de tout un peuple au sein d'un autre peuple, dont les fractions, éparses et si diverses, ne pouvaient être admises dans le nouvel ordre social qu'en respectant ses lois et ses coutumes. Mais, après trente ans d'occupation, on peut s'étonner de voir, maintenues encore intactes, la promiscuité des législations et les barrières légales qui existent entre les deux peuples sur les points qui intéressent éminemment l'ordre public et la prospérité de l'Algérie.

Cependant les tentatives de réformes ont été nombreuses. Si elles ont toujours été entreprises avec un profond amour de la justice et de l'intérêt des populations subjuguées, il faut reconnaître aussi que la plupart sont demeurées stériles, parce qu'elles ont été hésitantes, incomplètes, sans esprit de suite, à cause de l'instabilité du gouvernement de l'Algérie, et surtout parce qu'elles ont été contrariées dans leur application par les prétendues nécessités d'une domination *manu militari*.

Essayons d'indiquer maintenant quelle a été la marche de ces réformes ; quels sont les moyens auxquels on a eu recours pour investir l'ordre des choses dans lequel nous voulions faire pénétrer notre civilisaiion.

CHAPITRE II

Des réformes opérées dans l'organisation de la justice indigène.

*But et caractère des innovations dans la période de 1830 à
1841. — Ordonnances de 1841 et de 1842. — Leur but. —
Changement dans l'ordre des juridictions. — Surveillance
des magistrats indigènes. — Contact plus fréquent avec
nos institutions. — Décret du 1er octobre 1854. — Son
but. — Ses résultats. — Situation rétrograde. — Décret
du 31 décembre 1895. — Contrôle vigilant des magistrats
indigènes. — Garanties pour les justiciables. — Portée du
décret de 1859, au point de vue politique. — Prise de
possession du territoire militaire par l'autorité judiciaire.
Éducation civile des Indigènes. — Réformes à introduire.*

Avant de soumettre les Indigènes aux lois françaises, il
fallait d'abord tenter leur éducation civile en les attirant à
nous et en leur ménageant un contact plus fréquent avec
nos mœurs publiques et nos institutions sociales ; puis les
soumettre insensiblement à la juridiction de nos tribunaux,
afin d'acquérir ainsi le seul moyen d'action qui puisse assurer l'exécution des mesures décrétées pour accomplir en
Algérie les desseins de la France.

Telle nous paraît avoir été la pensée qui a présidé aux
réformes qu'a subies l'organisation de la justice indigène
en Algérie.

Dans l'examen des innovations qui ont été accomplies ou
tentées, il n'est guère important de s'occuper de l'arrêté du
22 octobre 1830 et de l'ordonnance du 10 août 1834, en ce
qui concerne la justice indigène ; car leurs dispositions ne
constituent pas de véritables réformes et présentent plutôt

le caractère d'une consécration de l'état des choses existant au moment de la conquête.

Depuis lors sont survenues les ordonnances du 28 février 1841 et du 26 septembre 1842, qui marquent les premières réformes entreprises sur la législation des Indigènes.

En mesurant leur portée, on reconnaît bien vite qu'il serait inexact de prétendre que cette législation a réellement subi des modifications importantes dans les points qui intéressent l'ordre public, comme dans ceux qui sont le plus fréquemment l'objet des transactions ordinaires. En effet, ces deux ordonnances et les autres actes législatifs qui les ont suivies, n'ont eu pour but principal que de changer l'ordre des juridictions créé par la législation des Indigènes et d'introduire des formes de procédure en harmonie avec ce changement.

Toutefois, il est important de faire remarquer que ces réformes qui semblent, à première vue, superficielles et en quelque sorte tout extérieures, ont cependant été combinées en vue d'une transformation radicale, mais encore éloignée, de la justice et de la législation des Indigènes.

Ainsi, en conciliant l'exercice des droits légitimes qui découlent de la souveraineté qui était acquise à la France, avec le respect des lois et des coutumes religieuses qui avaient été réservées aux habitants de l'Algérie, ces ordonnances leur ont ouvert la faculté d'en appeler à notre justice, et, par là, elles ont augmenté pour eux les occasions d'apprécier la supériorité de nos institutions judiciaires et de subir aussi l'influence générale de notre civilisation.

A partir de ce moment, la justice indigène, que son organisation antérieure avait placée complètement en dehors de notre sphère d'autorité, fut soumise à la surveillance du Procureur général de l'Algérie dans toute l'étendue du territoire civil ; et cette surveillance et le contrôle qui devenait possible par la faculté d'appel, devinrent un frein pour le juge et une garantie pour les justiciables.

Ce n'était là qu'un premier pas, bien mesuré et sagement calculé, vers l'unité de législation et vers une assimilation encore éloignée.

Malheureusement, ces mesures aussi prudentes que protectrices, ont d'abord rencontré des résistances jalouses en territoire militaire ; ensuite l'arrêté du 20 août 1848 qui replaçait le service et la surveillance de la justice indigène dans les attributions du ministre de la guerre, est venu contribuer à en paralyser toute l'efficacité, jusqu'au jour où elles ont été complètement anéanties et abrogées par le décret du 1er octobre 1854.

Du même coup, ce décret supprimait la faculté d'appel devant la Cour pour les décisions des cadis, et créait l'omnipotence de la justice musulmane en érigeant les midjelès en Cours souveraines. La France perdait ainsi le dernier ressort de la justice qui est le trait caractéristique de la souveraineté, et le territoire militaire cessait en quelque sorte d'être territoire français, par l'indépendance absolue des juges indigènes (1).

Telle est la situation rétrograde qu'avait amenée le décret du 1er octobre 1854, dans le but très-louable d'économiser les frais d'appel aux Indigènes, et de rendre plus facile et plus efficace la surveillance de leur magistrature.

Mais, Monsieur de Chasseloup-Laubat, ministre promoteur du décret du 31 décembre 1859, a compris tous les dangers d'un abandon aussi complet des attributs les plus indispensables de la souveraineté de la France, dont le droit public a créé cet adage : « qu'il n'y a pas de souverain sans « cour souveraine. » Aussi, le gouvernement s'est-il hâté,

(1) Il faut reconnaître que l'indépendance absolue et générale des deux ordres de justice n'était pas dans la pensée du Gouverneur-général de l'Algérie, qui voulait au contraire multiplier les liens entre l'élément indigène et l'élément national, en subordonnant les tribunaux musulmans à la Cour d'appel pour la division d'Alger, et aux tribunaux de première instance pour les départements d'Oran et de Constantine (*Du Gouvernement de l'Algérie*, p. 28 et 29. Brochure, par le colonel Ribourt).

sur la proposition de ce ministre, de ressaisir le dernier
ressort de la justice musulmane; de remettre la surveillance
des juges musulmans à notre magistrature, et d'augmenter
encore pour les Indigènes les points de contact avec notre
civilisation, en leur permettant de « placer leurs biens et
« leurs conventions sous l'égide de nos lois (1) ».

Par ces mesures, on leur a assuré une justice plus scru-
puleuse, un contrôle plus vigilant et plus sévère; car, bien
qu'on ait prétendu le contraire, pour prouver l'excellence
du décret de 1854 sur celui de 1859, c'est par la révision et
l'examen qui ont lieu en appel, que les tribunaux musulmans sont plus efficacement surveillés et les abus plus
facilement découverts. A ce point de vue, on doit déjà considérer le décret de 1859 comme un progrès réel.

Envisagée au point de vue politique, la portée de ce décret
paraît encore plus grande. En effet, si l'on examine ses dispositions dans leurs conséquences plus ou moins rappro-
chées, mais certaines, on reconnaîtra bientôt qu'elles constituent déjà une prise de possession du territoire militaire
par l'autorité civile, et qu'en secondant leur puissance, en
quelque sorte latente, nous pénètrerons ainsi dans le cœur
de la société arabe qui était autrefois soustraite à notre examen et à l'influence de notre civilisation. En un mot, con-
tinuer l'éducation civile des Indigènes déjà préparée par
l'ordonnance de 1841, c'est là, ce nous semble, la pensée du
décret de 1859, et elle a une valeur que n'ont pu affaiblir les
critiques prématurées que lui ont adressées ceux dont la
routine s'accomode difficilement des meilleures innovations.

Telles sont en substance les améliorations qui ont été
tentées et qui sont encore poursuivies aujourd'hui dans le
service de la justice indigène.

En ce qui concerne le fond même de la législation et des
coutumes du pays, des réformes sont demandées depuis

<hr>

(1) *Rapport sur le Décret du 31 décembre 1859*, par M. de Chasseloup-Laubat, ministre de l'Algérie et des Colonies.

longtemps par les Indigènes, et, en présence des intérêts qui les sollicitent aussi, on ne doit pas s'étonner que la prudence du législateur ait paru excessive et son inaction reregrettable.

Ainsi, au point de vue de la nationalité, la condition des deux classes d'Indigènes est restée sans altération. Aucune loi ne leur a encore conféré la qualité de Français, ni même l'exercice des droits civils dont les Étrangers peuvent jouir, soit en France, soit en Algérie.

De même aussi leurs mariages n'ont subi aucune réglementation et la faculté de les dissoudre à leur volonté est restée sans aucune limitation de la part du législateur.

Voilà pour leur état-civil.

En ce qui concerne leurs biens, les différentes lois qui ont constitué la propriété en Algérie n'ont pas davantage changé les modes suivant lesquels ces biens se transmettent ou s'affectent entre Indigènes.

Les successions n'ont pas subi plus de changement.

Il s'ensuit que, sous le rapport de la condition civile, des différences bien tranchées existent entre les Indigènes et les Français, et que leur statut réel est encore aussi distinct et aussi intact qu'au premier temps de la conquête. Le champ des réformes à introduire dans une pareille situation est donc encore vaste.

Essayons de l'explorer sur les points que nous venons d'indiquer, en faisant remarquer quelques-unes des difficultés qui surgissent du conflit des diverses législations qui planent encore comme de mauvais génies sur la plus belle conquête que la France ait jamais faite.

CHAPITRE III

De l'état des Indigènes au point de vue de la nationalité.

*Définition de l'état. — De l'état de cité et de l'état de fa-
mille. — Des conditions normales pour l'acquisition de
la qualité de Français. — Elle s'acquiert aussi par la
réunion d'un pays à la France. — Effets de la réunion
de l'Algérie à la France. — Elle n'a pas donné aux Indigènes la qualité de Français. — Les Indigènes sont sujets
français, condition qui n'est pas régie par le droit civil. —
Difficultés qui en résultent pour l'administration du pays.
— Elles ne pourront être levées que par une loi sur la
naturalisation des Indigènes.*

Des difficultés nombreuses se sont élevées chaque fois
que le statut personnel des Indigènes a été mis en question.
Elles sont généralement résultées de ce que l'on a méconnu
les principes du droit relatifs à leur état et à leur capacité juridique, et de ce que l'on a donné aux documents
législatifs qui intéressent leur condition civile une portée
qu'ils n'ont pas.

Pour bien déterminer la situation des diverses classes
d'Indigènes algériens, il est utile de rappeler en quelques
mots les principes qui doivent être appliqués chaque fois
que l'on peut avoir à rechercher et à fixer la condition d'un
individu au point de vue du droit public français. Nous ne
saurions mieux le faire qu'en nous appuyant sur la doctrine enseignée dans le *Cours de droit civil* de MM. Aubry
et Rau, doctrine que nous considérons comme la plus
pure et la mieux justifiée.

« L'état (*status*), disent ces auteurs, est la position d'un
« individu en tant qu'on le considère comme membre de

« l'association politique ou de la famille à laquelle il ap-
« partient. On peut envisager l'état séparément au point
« de vue de la nationalité et à celui de la parenté, et par
« suite distinguer l'état de cité (*status civilatis*), et l'état
« de famille (*status familiæ*). L'état se résume dans les
« qualités de regnicole ou d'étranger, de mari ou de femme
« mariée, de père, de mère, ou d'enfant légitime, naturel
« ou adoptif. Ces qualités constituent, pour ceux qui en
« sont investis, une sorte de propriété, garantie par des
« actions analogues à celles qui découlent du domaine proprement dit. Les contestations auxquelles elles peuvent
« prement dit. Les contestations auxquelles elles peuvent
« donner lieu sont appelées questions d'état (1). »

De l'état, considéré dans la plus grande extension de ce
mot, découle un ensemble de droits et d'obligations qui
constituent l'aptitude juridique des individus, c'est-à-dire
leur capacité politique et leur capacité civile. La première,
qui est l'apanage exclusif des Français, ne peut s'acquérir
que conformément à la loi constitutionnelle (Art. 7,
Code N.); la seconde n'appartient aussi dans toute sa plénitude qu'aux Français, mais elle peut être partagée par les
Étrangers sur différents points et dans des conditions qui
sont réglées par la loi civile (Art. 13 et suiv. du Code N.).

Pour chaque individu, l'état se détermine par la naissance, mais il est susceptible de se modifier par les différentes causes qui font acquérir ou perdre la qualité de
Français, telles que la naturalisation, la réunion d'un pays à
un autre, le mariage et l'adoption.

Ajoutons encore, avec les autorités auxquelles nous empruntons cette exposition de principes, que souvent on
désigne la capacité civile par les expressions : *état civil*,
lesquelles ne devraient s'employer que pour indiquer une
situation passive et non pas un ensemble de capacités et de
pouvoirs. C'est en détournant le sens propre du mot *état*

______

(1) *Cours de droit civil*, par MM. Aubry et Bau, § 52, p. 162.

que Portalis a pu dire, dans l'exposé du système général du Code, que « ce que l'on appelle état civil d'un homme « n'est autre chose que l'aptitude à exercer les droits que « les lois civiles garantissent aux membres de la société. »

Ces principes étant bien connus, il devient facile, maintenant, de déterminer avec certitude l'état des Indigènes algériens au point de vue de la nationalité et d'indiquer aussi leur aptitude juridique : c'est-à-dire leur capacité civile et politique.

A cet égard, il se présente chaque jour deux questions principales qui sont encore résolues en sens divers par la jurisprudence :

Les Indigènes algériens ont-ils la qualité de Français?

Quelle est leur condition dans notre ordre social?

Dans l'état de la législation qui régit la métropole et l'Algérie, la solution négative de la première question ne devrait pas faire de doute ; mais, dans l'opinion contraire, on argumente du fait de la réunion de l'Algérie à la France pour suppléer soit à une loi prononçant la naturalisation générale des Indigènes, soit aux autres conditions qui peuvent conférer la qualité de Français.

Avant de rechercher quelle a pu être l'influence de cet événement politique sur la condition originelle des Indigènes de l'Algérie, examinons d'abord les conditions normales d'où découle la qualité de Français.

En thèse générale, cette qualité ne peut résulter que de l'origine des personnes, ou du bienfait de la loi, ou d'une naturalisation (Art. 9, 10, 12 et 13, C. N.).

Quant à la qualité de citoyen français, on sait aussi qu'elle ne peut s'acquérir ou se conserver que conformément à la loi constitutionnelle (Art. 7, C. N.).

Or, les Indigènes algériens ne se trouvant dans aucune des conditions qui sont prévues et requises par les articles que nous venons de citer, il est indubitable qu'ils ne peuvent puiser la qualité de Français ni dans leur origine, ni dans le bienfait de la loi, ni dans la naturalisation telle qu'elle est réglée par la loi du 13 novembre 1849.

Ajoutons à cela qu'aucune loi spéciale à l'Algérie n'a dérogé aux conditions fondamentales réglées par les lois de la métropole pour l'acquisition de la qualité dont il s'agit, et que si divers Indigènes ont été investis d'attributions politiques dont l'exercice en France exige et présuppose la qualité de Français, il ne faut pas perdre de vue, toutefois, que ces concessions ont été individuelles, et qu'elles n'entraînent pas avec elles la qualité de Français. Au surplus,. s'il fallait appuyer la vérité de cette appréciation sur des considérations autres que les principes que nous avons cités, il suffirait de rappeler un fait officiel et de notoriété publique à savoir : que chaque année les conseils-généraux de l'Algérie émettent un vœu pour la naturalisation des Indigènes algériens, et que chaque fois aussi qu'un de ces Indigènes veut exercer des fonctions publiques, au titre français, il n'y est admis par le gouvernement qu'après avoir obtenu des lettres de naturalisation.

Il suit donc de ce qui vient d'être dit que les Indigènes de l'Algérie n'ont pas encore acquis la qualité de Français, ni en vertu des principes généraux qui en règlent l'existence ou la concession dans la métropole, ni en vertu de la législation spéciale de l'Algérie.

Effets de la réunion de l'Algérie à la France.

Peuvent-ils la réclamer comme résultant de la réunion de l'Algérie à la France, proclamée par l'art. 109 de la Constitution du 4 novembre 1848 ?

Nous ne le pensons pas non plus.

En effet, s'il est vrai, d'après les principes du droit public français, disséminés dans divers traités politiques et dans quelques-unes de nos lois, que la réunion d'un pays à la France confère, *ipso facto*, la qualité de Français aux habi-

tants originaires de ce pays, il n'est pas moins certain auss
que cet événement politique ne s'accomplit pas avec cett(
conséquence radicale et pour ainsi dire régénératrice
lorsque l'acte solennel qui proclame cette incorporatioi
laisse subsister, en faveur des habitants du pays ains
annexé, l'empire des lois qui les régissent. Une pareille ré
serve témoigne évidemment que le nouveau souverain d(
ces pays a jugé qu'il n'était pas encore opportun d'assimilei
leurs habitants à ceux de la nation dominante. Dès lors, un(
souveraineté qui s'acquiert ou qui s'impose dans de pa-
reilles conditions n'attribue pas aux nouveaux sujets qu'ell(
atteint la qualité de Français, qui exige et implique essentiellement l'égalité devant la loi et la participation au)
mêmes droits et aux mêmes charges.

Telle n'est pas la condition civile qui a été faite aux Indigènes algériens par la capitulation de 1830 et par tous le:
actes législatifs qui les concernent jusqu'à ce jour,

Avant d'examiner cette condition, il nous reste à démontrer plus péremptoirement que la Constitution de 1848 n'(
apporté aucun changement dans l'état des Indigènes, ai
point de vue de la nationalité.

En effet, dans la première partie de l'art. 109 qui déclar(
le territoire de l'Algérie réuni au territoire de la France
l'Assemblée nationale n'a eu pour but que de fair(
cesser toute incertitude sur le maintien et la conservatioi
d'une conquête dont l'Angleterre nous contestait la légitime possession (1). L'Assemblée nationale ne se préoccu-
pait pas alors d'introduire un changement quelconque dan:
la condition civile ou politique des habitants originaires d(
cette colonie. Ce qui prouve que toute pensée d'innover ?
cet égard lui est restée complètement étrangère, c'est que
par l'art. 112 de cette Constitution, les dispositions des loi:
et règlements antérieurs ont été réservés ou maintenu:

____

(1) *Théorie du droit constitutionnel*, par Bériat Saint-Prix, n° 1386

en vigueur jusqu'à ce qu'il y soit légalement dérogé (1).

Il est donc permis de conclure en toute certitude que les Indigènes de l'Algérie n'ont pas encore acquis la qualité de Français et qu'ils ne sont point membres de l'unité nationale (2).

(1) Pour nous, la déclaration contenue dans l'art. 109 de la Constitution de 1848, à l'égard du sol de l'Algérie n'a été que la proclamation solennelle d'un fait depuis longtemps accompli et la confirmation des promesses contenues dans la proclamation du Gouvernement provisoire aux colons de l'Algérie, en date du 2 mars 1848, portant entre autres déclarations que « la République défendra le sol de l'Algérie « comme le sol même de la France. »

La réunion de l'Algérie nous paraît résulter implicitement 1° de la capitulation de 1830, de l'arrêté du 8 septembre 1830 qui réunit au Domaine public toutes les propriétés du dey, des beys et des Turcs de la régence d'Alger ; 2° des arrêtés des 22 juillet et 10 août 1834, qui ont fait changer *l'occupation* de l'armée française en Algérie en une *possession du nord de l'Afrique*. Enfin, cette réunion a été implicitement reconnue par l'arrêté colonial du 27 novembre 1834, confirmé par l'art. 24 de l'ordonnance royale du 11 novembre 1835, lequel arrêté proclame la souveraineté de la France sur tout le territoire de l'Algérie dans les termes suivants :

« Considérant que la souveraineté française embrasse la totalité du « territoire soumis avant la conquête à l'autorité du dey et de ses « lieutenants, que ce territoire soit ou ne soit pas occupé par les « troupes françaises... »

(2) Ce n'est pas la première fois, du reste, qu'il est fait exception par la France au principe du droit public français qui veut que les habitants d'un pays réuni à la France soient Français. Lors de la réunion de la Belgique à la France, la Convention nationale, dans l'art. 6 de son décret du 16 vendémiaire an IV, n'a concédé, aux habitants de la partie du territoire belge qui était sous la domination de l'Autriche, que les droits accordés par la Constitution aux *étrangers*, tandis que par le même arrêté elle accordait la qualité de citoyens français aux autres habitants des pays réunis. C'est que les premiers avaient été conquis et que leur assimilation n'était pas complète, tandis que les autres avaient émis un vœu pour leur réunion à la France, réunion qui avait déjà été proclamée par des décrets de la Convention nationale en date des 2 et 4 mars et 8 mai 1792, et par ceux des 1er, 2, 6, 7, 9, 11, 19 et 23 mars 1793. Il est à remarquer aussi que le fait même de la réunion du territoire proclamé par ces derniers décrets n'avait pas conféré la qualité de Français aux habitants des pays réunis, et qu'elle ne leur a été *accordée* que par le décret du 16 vendémiaire an IV. C'est ce que démontre Merlin dans son rapport sur ce décret et la discussion qui eut lieu le 11 vendémiaire an IV. « Les Belges, disait « Merlin, ont acquis, par un contrat formel, le droit de *devenir* Fran-« çais. Il n'y a donc ni raison ni prétexte qui puisse nous affranchir « envers les Belges et les Liégeois de l'obligation que nous nous « sommes imposée de les rendre citoyens français. »

*Les Indigènes sont sujets français, condition en dehors
du droit civil.*

Examinons maintenant quelle est leur position au poin
de vue de notre ordre social et des droits qui en résultent

Si les Indigènes de l'Algérie ne peuvent pas encore re
vendiquer la qualité de Français, s'ils n'ont même pas en
core la jouissance des droits civils que l'art. 13 du Cod
Napoléon accorde aux Étrangers qui ont été admis à établi
leur domicile en France ou en Algérie, ils occupent néan-
moins une position qui les lie plus intimement à la natior
française que les individus qui sont dans les conditions pré
vues par l'art. 13 du Code Napoléon. Ainsi, ces derniers n
sont que des sujets momentanés et volontaires de la loi
tandis que les Indigènes algériens sont passivement sujet
de la nation française et ont droit à sa protection, mêmє
quand ils résident à l'étranger.

Comparée à la qualité de citoyen français, la positior
que l'Indigène algérien occupe dans notre société lui est très-
inférieure et elle en diffère essentiellement. On ne peut
même pas dire que la dénomination de sujet français soit
une condition spéciale établie et régie par le Code Napoléon
ou par nos lois constitutionnelles ; mais bien plutôt qu'elle
est une création du droit des gens, ou, si l'on veut, une
réminiscence de l'absolutisme.

En effet, notre droit public ne reconnaît, comme membres
de la nation française, que des Français, qui sont citoyens
français dans les conditions prévues et réglées par le droit
constitutionnel.

Ajoutons, au surplus, que cette qualité de *sujet français*
est la dénomination générique qui a toujours été donnée aux
Indigènes de l'Algérie quand les agents consulaires de la
France ou ses tribunaux ont eu à revendiquer un droit de
juridiction pour réprimer des crimes ou des délits commis

contre ces Indigènes lorsqu'ils étaient en pays étrangers (1).

Une situation aussi incertaine, aussi complexe et aussi difficile à définir dans le langage du droit, n'a pas manqué de jeter quelques difficultés dans la marche des affaires, parce qu'elle laisse les meilleurs esprits dans l'impossibilité d'appliquer à cet état des personnes des règles fixes et incontestables. Aussi, les embarras et les hésitations des fonctionnaires de l'administration ont-ils été assez fréquents pour qu'ils aient nécessité, à la date du 2 avril 1856, une circulaire du Gouverneur-général de l'Algérie qui rappelle « qu'aucune dis- « position législative n'ayant conféré aux Israélites non plus « qu'aux Arabes la qualité de Français, il s'ensuit qu'à l'ex- « ception de ceux qui auraient obtenu la naturalisation ou « qui justifieraient d'une nationalité étrangère, tous les « autres sont compris de plein droit dans la qualification « générique d'Indigènes. »

Ce n'est pas seulement l'administration locale qui hésite lorsqu'il s'agit d'apprécier l'état civil des Indigènes et de les classer dans la société algérienne. La Cour de cassation elle-même nous semble les avoir assimilés, à tort, aux Français, par un arrêt de rejet en date du 19 août 1858 qui valide le testament du nommé Aaron Senior, israélite algérien, qu'elle considère comme

____

(1) Cour d'Alger, 19 novembre 1859, Chambre des mises en accusation.

N. B. Depuis que cette note est écrite, nous avons à rappeler un arrêt tout récent de la Cour d'Alger, en date du 24 février 1862, qui reconnaît que les Indigènes de l'Algérie sont Français, mais qu'ils n'ont pas encore la qualité de citoyens français, et par conséquent qu'ils ne sont pas aptes à exercer des fonctions publiques. Nous croyons que la doctrine de cet arrêt n'est pas irréprochable au point de vue juridique. Si les Indigènes de l'Algérie ont la qualité de Français, ils sont également citoyens français à l'âge de 21 ans ; car la charte de 1814, celle de 1830, la Constitution de 1848 et celle de 1852, reconnaissent la qualité de citoyens français à tous les Français mâles et majeurs, pourvu toutefois qu'ils ne soient pas privés des droits civiques par suite de condamnation (Voir aussi les articles 12, 13 et 15 du décret organique du 2 février 1852 sur les élections).

Français et comme étant régi par l'art. 999 du Code Napo
léon pour la faction de son testament en pays étranger
Pour mettre fin à tant d'incertitudes, une loi sur la natura
lisation des Indigènes est devenue indispensable, car cell
des 13 novembre et 3 décembre 1849, qui exige un stag
politique de dix années, aurait besoin de subir des modifi
cations que nécessitent les conditions particulières dan
lesquelles se trouvent les différentes classes d'Indigènes (1)
Les vœux que les conseils généraux de l'Algérie émetten
depuis quatre ans avec une insistance bien fondée et bie
réfléchie, recevraient ainsi une consécration qui est deve
nue une nécessité publique.

Il ne faut pas se le dissimuler, c'est seulement au moye
d'une naturalisation des Indigènes que l'on pourra fixer ave
uniformité et précision l'état de ces personnes et les rap
ports de propriété et d'intérêt qu'elles peuvent avoir ave
les autres habitants de l'Algérie. Aussi considère-t-on ave
raison que cette mesure est une des questions les plu
vitales, dont la solution ne peut être différée trop longtemp
sans dangers pour les intérêts de la colonie.

(1) Dans sa brochure sur l'Algérie (pages 159 et 160), M. George
Voisin pense que dans une dizaine d'années un grand nombre d'ind
gènes seront citoyens français de par la loi du 7 février 1851, qi
déclare Français tout individu né en France d'un étranger qui lui
même y était né, à moins que dans l'année de sa majorité, telle qu'ell
est fixée par la loi française, il ne réclame la qualité d'étranger. Nou
pensons que, cette loi n'ayant pas été faite pour l'Algérie, où elle n'e
pas même promulguée, les indigènes n'en peuvent invoquer le bénéfic
ni celui de l'art. 9 du Code Napoléon, dont cette loi est un dévelop
pement.

CHAPITRE IV

De la condition juridique des Indigènes devant les tribunaux français de l'Algérie.

Principales circonstances où ils sont assimilés aux Français. — Distinctions dans le domaine du droit civil. — Contestations relatives à l'état-civil. — Les étrangers admis à la cession de biens. — Silence de la loi à l'égard des Indigènes. — Ils ne peuvent être témoins dans les actes publics, comme les étrangers. — Réflexions générales.

Nous avons démontré que les Indigènes algériens sont soumis à la souveraineté pleine et entière de la France, mais qu'aucune disposition législative ne leur a encore conféré la qualité de Français, ni les droits qui en découlent, ni les prérogatives qui sont attachées à la dignitité de citoyen français ; puis, en cherchant à les classer dans le sein de la nation française dont ils dépendent, nous avons reconnu qu'ils n'occupent dans notre ordre social qu'une position intermédiaire, qui n'est point régie par notre droit civil, et qu'ils sont simplement sujets français : expressions qui ne désignent pas une subordination politique, mais une soumission au vainqueur.

Pour déterminer maintenant quels sont les droits qu'ils peuvent exercer dans l'ensemble des avantages et des prérogatives qui découlent de la loi française, il faudrait faire l'historique de toutes les concessions qui ont été faites aux diverses fractions de la population indigène, tant au point de vue du droit civil proprement dit, qu'au point de vue du droit politique et du droit administratif. Mais cette tâche excèderait les limites de cette étude ; nous nous bornerons donc à esquisser les circonstances principales dans lesquelles

les barrières légales qui les séparent de nous disparaissent momentanément, sans que leur état-civil soit foncièrement altéré.

Disons d'abord qu'en ce qui concerne les mesures générales d'ordre et de police administrative, aussi bien qu'en ce qui concerne l'application des lois pénales, il n'existe entre les Français et les Indigènes que quelques rares différences. Pour n'en citer qu'une seule qui témoigne de la part du législateur une tolérance que l'on a pu juger excessive, nous rappellerons ici qu'aucune condamnation n'est prononcée contre les Indigènes pour polygamie ni pour adultère.

Dans le domaine du droit civil les distinctions reparaissent sur un grand nombre de points. Ainsi, les contestations relatives à l'état-civil des Indigènes sont jugées conformément à leur loi religieuse.

Il en est de même de celles qui naissent de leurs conventions. Toutefois, il leur est permis de placer leurs conventions et leurs biens sous l'égide de la loi française, qui leur devient applicable lorsqu'il y a eu accord commun entre eux (Art. 37 de l'ordonnance de 1842 et 1er du décret impérial du 31 décembre 1849).

Mais, dans les conventions ou contestations qui surviennent entre Indigènes et Français ou avec les Étrangers, on applique la loi française ou celle du pays, selon la nature de l'objet en litige, la teneur de la convention, ou l'intention présumée des parties (Art. 37, ordonnance de 1842).

Comparée à la condition des Étrangers qui ont un établissement en Algérie, la position des Indigènes présente encore des différences qui devront s'effacer bientôt. Ainsi, les Étrangers qui ont fondé un établissement en Algérie et qui résident dans ce pays, sont admis au bénéfice de la cession de biens, qui est une institution du droit civil dont les Indigènes ne nous paraissent pas pouvoir bénéficier sans une concession expresse du législateur (Art. 21 de l'ordonnance du 16 avril 1843).

Enfin, les Indigènes ne peuvent pas figurer comme témoins dans les actes notariés ; tandis que les Européens domiciliés en Algérie depuis plus d'une année y sont admis en vertu de l'art. 15 du règlement du 30 décembre 1842, sur le notariat en Algérie. De sorte qu'un Indigène, membre du conseil général ou investi de toute autre fonction publique, ne jouit pas de la même capacité, à cet égard, que le premier venu de n'importe quel coin de l'Europe.

Quoiqu'il en soit de cette inconséquence de la loi, il est désirable que des relations sagement ménagées avec les Indigènes dans les actes de la vie civile, les relèvent bientôt à leurs propres yeux et fassent naître de nouvelles affinités avec ceux qu'ils ont considérés trop longtemps comme des vainqueurs.

CHAPITRE V

Des mariages entre Israélites.

*Des coutumes juives pour la célébration du mariage. — Doutes
et incertitudes sur les effets civils des mariages juifs devant
l'officier de l'état civil français. — Recommandations offi-
cielles. — Pas d'obligation légale pour la célébration de ces
mariages devant l'officier de l'état civil. — Des divergences
de la jurisprudence. — Dissolution des mariages pour
impuissance ou pour stérilité. — Trouble qu'elle jette dans
la famille. — Nécessité d'assimiler les Indigènes israélites
par une naturalisation.*

Parmi les difficultés qui se rattachent à l'état civil des
Indigènes, il faut citer en première ligne les contestations
qui naissent à propos des mariages entre Israélites.

Les modifications partielles qui ont été apportées jusqu'à
ce jour à leur état civil laissent tout le monde dans une incertitude qui appelle une intervention décisive du législateur.
Les interprétations et les solutions si diverses qui sont résultées de l'impossibité de comprendre la pensée du législateur français, à l'égard de ces mariages, ont fait naître chez
la population juive des anxiétés assez vives pour que la
presse algérienne ait pris à tâche de s'en faire l'écho.

L'*Akhbar*, notamment, a publié sur cette importante
question une série d'articles qui contiennent de très-judi-
cieuses remarques. Dans son numéro du 18 janvier 1858, ce
journal indiquait dans les termes suivants les alarmes de
cette population et les conditions dans lesquelles se contractent les mariages israélites.

« Un grand nombre de familles se réjouissaient de penser
« que, pour ce qui regarde les mariages, elles étaient défi-

« nitivement placées sous le régime de la loi française ;
« que la mariage contracté à la mairie était le seul valable
« et solide ; que, seul, il offrait à la femme des garanties de
« stabilité, et qu'elle échappait, grâce à lui, aux éventualités
« de la répudiation, du divorce, de la bigamie, éventualités
« menaçantes que présente le mariage rabbinique ou reli-
« gieux.

« Le doute qui résulte du vague de la législation actuelle
« et la différence des interprétations n'a pas manqué de jeter
« de vives alarmes au sein de notre population israélite.
« Les détails qui vont suivre en fourniront l'explication.

« Disons d'abord que le mariage devant l'officier de l'état-
« civil n'est guère pratiqué, par les Israélites, que dans les
« principales villes de l'Algérie. Le mariage rabbinique ou
« religieux est le seul usité dans presque toutes les localités
« de l'intérieur.

« Disons encore que chez le peuple juif, les livres et les
« traditions recommandent le mariage comme un état agréa-
« ble à Dieu et condamnent le célibat comme un état contre
« nature. Il est écrit que celui qui reste célibataire, après
« avoir atteint l'âge de vingt ans, est maudit du Seigneur,
« et, parmi les nombreux préceptes que contiennent ces
« livres, nous remarquons le suivant, qui est hautement
« significatif : « Si ta fille est arrivée à l'âge nubile sans
« trouver d'épouseur, affranchis ton esclave et donne la lui
« en mariage. »

« Or, c'est dans cet esprit que les lois rabbiniques ont été
« conçues. Loin d'entraver ces unions précoces, auxquelles
« la pauvreté elle-même ne devait pas être un obstacle,
« elles les ont singulièrent facilitées. Peu ou point de for-
« malités à remplir. Pas de justification à produire. L'inter-
« vention des ministres du culte est consacrée par l'usage,
« *mais elle n'est pas obligatoire.* Il suffit que la bénédiction
« nuptiale, dont la formule se trouve dans les livres de
« prières, ait été prononcée devant dix témoins, y compris

« l'époux. Le choix du lieu de la cérémonie est d'ailleurs
« chose indifférente. Qu'elle se passe dans une synagogue,
« dans une maison ou en plein champ ; qu'elle se passe le
« jour ou la nuit, devant les parents ou en leur absence, le
« mariage est valable et légal. Voulez-vous une manière de
« procéder plus expéditive encore ? Une homme donne à
« une femme une bague ou une pièce d'argent de minime
« valeur devant deux témoins, et en leur présence il pro-
« nonce la formule sacrementelle : Tu m'es consacrée par
« ceci. Cette simple formalité, si elle ne fait pas un ma-
« riage à proprement parler, consacre une union qui a la
« force du mariage. La femme est engagée d'une manière
« indissoluble. La mort seule ou le divorce pourront briser
« des liens improvisés d'une aussi étrange façon. »

Telle étaient la coutume et le droit au moment de la conquête, *tels ils sont encore aujourd'hui.*

Voyons maintenant ce qui a pu jeter le doute dans les
esprits sur la validité des mariages religieux et sur les effets
civils de ceux qui sont contractés devant les officiers de
l'état-civil français.

La première cause d'incertitude provient de l'absence d'une
loi prescrivant formellement la célébration des mariages et
la réception des autres actes de l'état-civil des Indigènes
par les officiers publics à ce préposés.

A cet égard, le *Moniteur algérien*, journal officiel, rapporte,
à la date du 15 novembre 1857, qu'il n'y a eu que de simples
invitations administratives. « L'autorité française, dit cette
« feuille, a, depuis longtemps, pris des mesures pour enga-
« ger les Israélites à contracter mariage devant l'officier de
« l'état-civil français. Mais ces mesures se sont produites
« seulement sous la forme de simples invitations adminis-
« tratives plus ou moins pressantes : aucune ordonnance,
« aucun texte de la loi n'en a imposé l'obligation. Il paraît
« même que les registres consacrés à recevoir ces actes
« de mariage, contiendraient une colonne destinée à rece-

« voir aussi, en cas de besoin, les actes de répudiation qui
« pourraient survenir conformément à la loi religieuse des
« parties. »

A côté de l'incertitude qui provient de l'absence d'une
volonté authentique et bien formelle soumettant ces mariages
à l'empire de la loi française, est venue se placer l'ignorance
dans laquelle ont dû se trouver les nouveaux interprètes du
droit mosaïque et rabbinique, érigés par l'ordonnance de
1842 en docteurs de la loi. Ainsi on a souvent cru que l'intervention du rabbin dans les mariages était destinée, non-
seulement à bénir l'union des époux, mais surtout à lui
donner le caractère officiel qui lui fait produire les effets civils : qu'en un mot, le mariage entre Israélites consistait nécessairement dans cette double consécration. Mais c'était
une erreur ; car le mariage juif peut exister sans intervention du rabbin. Son caractère principal et dominant c'est
d'être, tout à la fois, un contrat civil et un contrat naturel,
indépendant de l'assistance de tout fonctionnaire.

Il est vrai qu'il est entouré, la plupart du temps, de certaines cérémonies qui lui ont valu de nos jours la qualification de mariage religieux, mais ce n'est là qu'un des faits
accessoires au mariage, dont les éléments essentiels et cons-
titutifs sont : 1° la constitution dotale, 2° et la prise de possession qui suit la dernière bénédiction.

Enfin, il y a eu pour la jurisprudence une autre cause d'incertitude et de tâtonnements, qui est résultée de ce que l'ordonnance du 9 novembre et l'arrêté du 16 août 1848 qui
ont réglé les attributions des rabbins algériens, ne les ont
pas assimilés formellement aux rabbins de France. Sur ce
point, l'hésitation et le doute ne nous paraissent plus possibles depuis le décret du 2 août 1858, lequel a prononcé
l'abrogation de l'arrêté de 1848, qui semblait impliquer une
assimilation complète de l'administration du culte israélite
en Algérie à celle de la métropole. En effet, l'expérience a
démontré qu'il ne s'agissait là que des règles d'administra-

tion intérieure, et nullement d'un droit nouveau dont l'effet aurait été de soumettre les rabbins de l'Algérie à la décision du grand sanhédrin de 1807 et de l'ordonnance du 25 mai 1844, qui défendent aux rabbins de donner la bénédiction nuptiale à ceux qui ne justifient pas avoir contracté mariage devant l'officier de l'état-civil.

Maintenant que nous connaissons les principaux écueils contre lesquels on s'est heurté dans l'application du droit, voyons quelles sont les divergences qui se sont produites dans les décisions judiciaires.

Elles se manifestent par deux opinions bien tranchées.

L'une qui conserve aux mariages israélites passés devant les officiers de l'état-civil français, le même caractère et les mêmes effets civils que s'ils avaient été célébrés devant les rabbins, ou simplement en présence de témoins. En conséquence, elle admet les répudiations pour impuissance du mari ou pour cause de stérilité de la femme, et consacre aussi toutes les prescriptions du droit mosaïque et rabbinique, relatives aux mariages.

L'autre, qui attribue aux unions que reçoit l'officier de l'état-civil la même durée et les mêmes effets que la loi civile française attache aux mariages des Français. En conséquence, cette opinion assimile les Israélites aux Français et crée la famille juive et son patrimoine sur les mêmes bases qu'en France.

Les décisions qui consacrent la première opinion, que nous considérons comme la plus juridique, émanent toutes de la Cour impériale d'Alger et elles décident en substance :

1° Que le mariage étant un contrat du droit des gens, on ne saurait admettre que l'homme qui le contracte abdique les droits qui dérivent de sa nationalité ou qui lui sont réservés par les traités, par cela seul qu'il le fait constater par l'officier de l'état-civil français ;

Que le régime dotal étant le droit commun des Israélités (1), les héritiers de l'un des époux prédécédé ne sauraient être fondés à invoquer les dispositions du Code Napoléon, pour demander la liquidation d'une prétendue communauté de bien qui aurait existé entre les époux (arrêt de la Cour d'Alger du 16 novembre 1858, affaire Mardochée Amar).

2° Que le mariage entre Israélites est régi par le droit mosaïque, même quand il a été contracté devant l'officier de l'état-civil français. En conséquence, la nullité doit en être prononcée pour cause d'impuissance du mari, lorsqu'elle est dûment constatée (arrêt de la Cour d'Alger du 19 janvier 1860, affaire Courcheya).

3° Que l'état-civil de l'Israélite algérien n'a reçu aucune modification et continue d'être régi par les principes de l'ancienne organisation algérienne ;

Que toutefois, lorsqu'un Indigène juif, qui a été marié suivant sa coutume à une femme qu'il a répudiée pour cause de stérilité pendant dix ans, veut ensuite contracter un second mariage devant l'officier de l'état-civil français, il suffit, pour qu'il y ait lieu de s'abstenir, que la loi française considère l'existence d'un premier mariage comme un empêchement dirimant (arrêt de la Cour d'Alger du 29 janvier 1857, affaire Maklouf).

A l'égard de tous ces documents qui nous paraissent conformes aux principes et à l'état actuel de la législation algérienne, nous ne ferons qu'une réserve contre le dernier arrêt que nous venons de citer et dont la conséquence nous paraît contraire aux prémisses qu'il pose et aux principes du droit.

En effet, si l'état-civil du Juif algérien n'a subi aucune altération, et si le mariage ne lui fait pas perdre tous les

(1) Nous croyons que c'est là une erreur. La dot, en droit mosaïque ou rabbinique, n'est pas inaliénable : seulement la femme juive a pour sûreté de sa dot et de ses reprises une hypothèque légale qui lui permet d'*arracher* sa dot à ceux qui sont devenus propriétaires des immeubles de son mari (Cour d'Alger, 5 avril 1853).

droits qu'il tient de sa nationalité ou des traités, il s'ensuit qu'après avoir été engagé dans les liens d'un premier mariage qu'il a rompu, conformément à son statut personnel, il ne peut exister dans une pareille situation aucun empêchement dirimant, lorsqu'il veut se remarier devant l'officier de l'état-civil. C'est, du reste, ce qu'a décidé la Cour de Cassation dans un arrêt du 28 février 1860 (affaire de Bukley).

Quant aux décisions de la jurisprudence algérienne qui consacrent la seconde opinion que nous avons citée, elles décident :

1° Que depuis la promulgation de l'ordonnance du 9 novembre 1845, qui a restreint les attributions des rabbins algériens à la célébration du mariage religieux, les effets civils du mariage n'ont pu s'acquérir, pour les Israélites, que par un acte passé devant l'officier de l'état-civil français ;

En conséquence, le mariage dissous pour cause de stérilité ne forme pas obstacle à un second mariage que l'Indigène israélite veut contracter devant l'officier de l'état-civil français, du vivant de sa première épouse (jugement du tribunal de Constantine, 1856, affaire Maklouf, infirmé par l'arrêt du 29 janvier 1857).

2° Que la capitulation de 1830, ni les actes législatifs qui l'ont suivie, ne permettent pas de décider que les Israélites sont encore régis, quant aux effets civils de leur mariage par l'ancienne organisation juive ;

Que la femme juive, mariée devant l'officier de l'état-civil, est régie par la loi française pour les effets civils de son mariage et qu'en conséquence elle ne peut demander la dissolution de son union, pour cause d'impuissance du mari (jugement du tribunal d'Oran du 9 janvier 1858, affaire Courcheya, infirmé par l'arrêt précité du 19 janvier 1860).

3° Que l'Israélite algérien qui s'est marié devant l'officier de l'état-civil français, ne peut demander le divorce contre sa femme, soit pour stérilité, soit pour tout autre cause prévue par le droit mosaïque;

Que le seul fait de la célébration du mariage devant l'offi-cier de l'état-civil français, entraîne renonciation au statut personnel des époux israélites, et, par suite, au droit mo-saïque (jugement du tribunal d'Alger, 1re chambre, en date du 29 juin 1861, affaire Bingé).

Ainsi qu'on peut le remarquer par ce résumé sommaire de la jurisprudence, la Cour d'Alger persiste à ne consi-dérer la célébration du mariage des Israélites algériens devant l'officier de l'état-civil français, que comme une simple constatation d'un acte de la vie qui, par elle-même, ne peut modifier les effets civils que la loi mosaïque attache à ces mariages.

Si cette jurisprudence n'a pas le mérite d'assurer, comme le fait la loi française, la stabilité des mariages, il faut au moins reconnaître qu'elle est conforme aux principes gé-néraux du droit et aux dispositions spéciales de la législation algérienne concernant les Israélites indigènes. Elle n'em-piète pas sur les droits du législateur pour créer, en s'ap-puyant sur des considérations d'un ordre très-inférieur aux hautes visées de la loi, une assimilation qui, à cause de son importance, ne peut être décrétée que par un acte for-mel du pouvoir législatif.

En effet, si les Israélites algériens ne sont pas Français, il n'est pas possible que, par leur mariage passé devant l'autorité française, ils subissent une transformation radi-cale de leur état-civil et qu'ils deviennent ainsi en tous points semblables aux Français quant aux relations qui naissent du mariage, quant aux enfants qui peuvent en ré-sulter et quant à leurs biens. Sans doute, lorsqu'une étran-gère épouse un Français, elle devient Française et son ma-riage produit tous les effets civils que la loi française at-tache aux mariages des Français ; mais lorsque le mariage a lieu devant l'autorité française, entre deux Indigènes qui ne sont encore que des sujets français, il ne s'opère pas en leur faveur une communication des mêmes obligations et

des mêmes droits civils que la loi française consacre pou
les mariages des Français. Pour qu'il en fût ainsi, il faudra
que la loi eût mis le mariage au nombre des moyens qu
peuvent faire acquérir aux étrangers la jouissance des droit
civils : ce qui n'est pas (art. 1er, 8 et 13, C. N.).

Il est bien vrai que l'article 37 de l'ordonnance de 1842
permis aux Israélites algériens d'adopter la loi français
dans leurs conventions ; mais il ne s'agit là que des con
trats ordinaires et non pas de ceux qui peuvent faire naîtr
ce que l'on nomme des questions d'État ; car le même articl
a soin de dire que les contestations de cette nature seror
toujours jugées conformément à la loi religieuse des par
ties. Et d'ailleurs, il devait en être ainsi, puisqu'il est e
principe dans le droit public de toutes les nations policées
que les personnes ne peuvent modifier ni leur état, ni leu
capacité civile, au moyen de leurs conventions, et se don
ner ainsi toutes les aptitudes juridiques et tous les droit
qui appartiennent aux membres de la nation dans le sei
de laquelle il peut leur plaire de venir contracter mariage.

Si une telle puissance pouvait appartenir aux individu
elle détruirait tous les liens qui constituent la nationalité e
un des principaux caractères de la souveraineté de la loi qu
veut qu'elle s'impose aux personnes, sans les laisser libre
de la rechercher ou de l'abdiquer; enfin elle faciliterait l'in
trusion dans le sein de chaque Etat de sujets qui pourraier
devenir dangereux pour lui.

Bien que cette conséquence ne soit pas à redouter e
Algérie, et que nous appelions de tous nos vœux une ré
novation civile en faveur des Indigènes, il n'en est pas moin
vrai que, tant qu'elle n'aura pas été formellement décrété
par le législateur, les Indigènes ne pourront pas se la crée
par le seul effet d'un mariage contracté devant l'officier d
l'état-civil français.

Or, cette mesure régénératrice ne peut être qu'une natu
ralisation et aussi longtemps qu'elle n'aura pas été décrété

ou rendue possible par une loi toute spéciale à l'Algérie, les réformes qui seront tentées pourront bien amener quelques améliorations dans la condition civile des Indigènes, mais elles ne mettront pas fin aux difficultés que cette situation, en dehors du droit commun, crée sans cesse en Algérie.

En attendant ce bienfait, et pour résumer en deux mots la situation que nous venons d'examiner, il nous suffira de dire que le mariage qui est la base de la famille et qui devrait être la chose la moins sujette à l'incertitude, est au contraire, en ce qui concerne les Israélites, livré au hasard des circonstances, à la discrétion des maris et aux contestations les plus fréquentes et les plus étranges ; qu'enfin cet état de choses ne peut cesser que par la naturalisation de ces Indigènes, qui est depuis longtemps sollicitée par eux.

CHAPITRE VI

Des successions entre Israélites.

Du droit successoral chez les Israélites. — Droit d'ainesse. — Droit de masculinité. — De l'exhérédation des filles. — Origine et raison de cette coutume. — En France, c'est la loi de la situation de l'hérédité qui habilite l'héritier. — Motif de cette règle. — En Algérie, le statut réel des Indigènes n'est pas abrogé en matière de successions immobilières. — Dispositions légales qui le prouvent. — Jurisprudence qui applique ces dispositions légales aux Israélites. — Le principe d'égalité dans les partages s'oppose au maintien de la coutume qui exhérède les filles juives.

A côté de la question si importante des mariages entre Israélites viennent se placer toutes les difficultés qui intéressent le droit successoral de ces Indigènes.

Nous n'avons pas dessein d'examiner ici le système entier des successions tel qu'il est réglé par la loi mosaïque et le droit rabbinique. Il suffira d'indiquer quelques dispositions de cette loi qui reçoivent encore leur application en Algérie pour que l'on comprenne combien il est opportun de modifier le système des successions israélites, *afin de préparer un même ordre de citoyens par un même ordre de propriétaires.*

Parmi les coutumes juives les plus en opposition avec les principes d'égalité qui président dans le droit français au partage des successions, il faut citer le droit d'aînesse et le droit de masculinité.

On sait que la loi mosaïque, qui accorde à l'aîné des fils une part double de celle de ses frères dans la succession paternelle, prive les filles juives du droit de succéder à leurs père et mère quand ils ont laissé des descendants mâles (*Nombres*, ch. XXXVI, v. 6 et 9).

A côté de ce droit, qui consacre l'exhérédation des filles, la tradition veut bien que les orphelines soient nourries et vêtues par leurs frères jusqu'à l'époque où elles sont nubiles ; mais cette obligation, qui n'existe pas quand il s'agit de la succession maternelle (*Mischna*, ch. XVIII), ne peut racheter aujourd'hui les inconvénients et les plaintes que suscite l'inégalité dont elle n'est qu'un palliatif.

Quelles ont pu être, dans le droit mosaïque, l'utilité et la raison d'une pareille disposition ? C'est ce qu'il nous faut rappeler en peu de mots.

Dans la législation primitive du peuple hébreu, la propriété avait pour fondement l'ordre social et l'équilibre établi entre les tribus et les familles lors du partage de la *terre promise*. Pour protéger la constitution territoriale, les lois agraires avaient défendu d'aliéner la terre d'une manière irrévocable, et, comme sanction de cette prohibition, le grand jubilé avait été institué pour faire rentrer dans le patrimoine de la famille les biens qui avaient été vendus ou engagés par suite de prêts.

Le système des successions paraît se lier intimement à cette constitution territoriale, dont le but principal était la conservation des biens patrimoniaux dans la même famille. Aussi la loi successorale avait-elle porté ses prédilections sur les enfants mâles, qui succédaient ainsi aux biens et au nom du chef de famille à l'exclusion des filles, afin que les parts qui auraient pu revenir à ces dernières n'allassent pas accroître les biens d'une famille étrangère, par leur mariage.

C'est sur ces considérations, qui appartiennent exclusivement à l'ordre politique et économique, que semble reposer l'utilité sociale de l'exhérédation des filles juives, quand leurs auteurs ont laissé des descendants mâles.

Mais la raison d'État qui avait motivé ces dispositions législatives a complètement disparu depuis que la nation juive n'a plus eu d'existence politique, plus de territoire national où il fallait contenir et modérer l'influence des tribus et sauvegarder une certaine répartition des terres entre les familles.

Si donc on se demande aujourd'hui comment cette coutume a pu survivre à l'ordre social qui l'avait créée, et se perpétuer jusqu'à ce jour, il ne parait guère possible d'en donner une autre raison que l'égoïsme et l'esprit mercantile de ceux qui sont intéressés à l'invoquer.

Des règles qui régissent les successions des Étrangers situées en France.

Avant d'exposer les raisons juridiques qu'on peut invoquer à l'appui de la jurisprudence qui maintient encore cette coutume en Algérie et les considérations qui réclament son abolition, essayons d'abord de rechercher si son application serait possible en France dans l'état actuel de la législation métropolitaine.

Lorsqu'une succession s'ouvre en France ou à l'étranger il est de principe que les immeubles qui en dépendent et qui sont situés sur le territoire français sont régis par la loi française, quelle que soit la nationalité des héritiers ou de leurs auteurs.

C'est la souveraineté sur le sol qui motive cette solution car si une partie du territoire national portait le joug ou l'empreinte d'une loi étrangère, l'État pourrait être souvent entravé dans le pouvoir qu'il a de coordonner l'emploi et la disposition du sol avec le principe politique sous lequel vit le corps social. Aussi, l'art. 3 du Code Napoléon déclare-t-il que les immeubles, même ceux possédés par les Étrangers sont régis par la loi française.

Une nouvelle consécration a été donnée à ce principe par l'art. 1er de la loi du 14 juillet 1819 qui dispose que les

Étrangers auront le droit de succéder dans toute l'étendue de l'empire *de la même manière* que les Français.

En conséquence, lorsque des étrangers sont héritiers d'immeubles situés en France, ce sont les art. 725 à 730 du Code Napoléon qui doivent servir à déterminer les qualités requises pour succéder ainsi que les incapacités et les exclusions (4).

De même aussi on applique à ces successions l'ordre de dévolution établi par l'art. 731, la prohibition consacrée par l'art. 745 d'admettre aucune distinction de sexe, de primogéniture, aucune préférence résultant des mariages, et la défense faite par l'art. 732 d'avoir égard à l'origine et à la nature des biens pour en régler la succession; en un mot, c'est la loi des immeubles qui habilite l'héritier et qui règle la succession.

Si donc des Étrangers voulaient faire appliquer à une succession immobilière sise en France la disposition de leur droit successoral qui exclut les filles de la succession de leurs auteurs, quand il existe des descendants mâles, ils seraient justement repoussés en vertu du principe que nous venons d'exposer.

Il en serait de même en Algérie; car les mêmes principes y sont en vigueur en ce qui concerne les Étrangers proprement dits.

Des successions immobilières entre Israélites algériens.

Mais peut-on décider aussi que les successions immobilières qui s'ouvrent entre Israélites indigènes sont régies par la loi de la métropole?

Disons de suite, sauf à le démontrer après, que dans l'état de la législation qui a réglé la condition des Indigènes, il faut décider que leur statut réel n'a pas encore été abrogé

____

(1) Mailher de Chassat, *Traités des Statuts*, nᵒˢ 255 et 257. — Gand, *Code des Etrangers*, nᵒˢ 535 et 530.

et que leurs successions sont encore régies par leur droit spécial.

Pour la solution juridique de cette question, il est important de ne pas perdre de vue que tout ce qui est d'ordre public en France ne l'est pas nécessairement en Algérie, où la diversité des éléments sociaux et des conditions politiques des individus a fait fléchir les maximes politiques de l'État, même sur les points qui intéressent la morale publique et l'exercice du pouvoir souverain.

Ainsi, le principe de souveraineté territoriale, qui veut que la loi française règle les successions situées en France, à l'exclusion de toute autre loi, a dû s'effacer en Algérie devant des considérations tirées de la nature des faits qui ont pu avoir toute la puissance d'une raison d'État.

Il en devait être ainsi : car s'il est vrai que l'indépendance réciproque des nations exige que les lois étrangères expirent sur les frontières de leur territoire, toutes les fois que ces lois blessent l'esprit général de leur législation particulière, il ne faut pas oublier que ce principe n'existe que pour la sauvegarde des souverainetés entre elles, et qu'il est facultatif à chacune d'elles de créer ou d'adopter, sur le territoire de l'État, des statuts divers et un certain mélange de législation qui peut répugner à l'esprit général de sa civilisation. En pareil cas, les prérogatives de la souveraineté ne reçoivent aucune atteinte du dehors, et l'État présente alors un ordre de choses semblables à celles qui existaient en France avant la révolution de 1789.

C'est ainsi qu'en Algérie, où le territoire est soumis à la même souveraineté que la France, si l'on pose la question de savoir si c'est la loi française ou le statut des Indigènes qui régit leurs successions, on n'a plus à se préoccuper des difficultés qui naissent de la collision de deux souverainetés distinctes qui veulent, l'un et l'autre, maintenir leur indépendance et le principe politique qui doit dominer sur leur territoire.

« On conçoit donc la possibilité de solutions contraires
« *sur les matières de droit civil*, dans les limites précises
« d'une seule et même souveraineté, qui reste la maîtresse
« de tolérer ces solutions contraires sur son territoire, jus-
« qu'à ce qu'elle juge opportun et conforme aux intérêts
« généraux, aussi bien qu'aux institutions publiques, de les
« faire cesser (1). »

Tels sont les principes qui doivent faire considérer le
régime statutaire de l'Algérie, non pas comme un simple
fait, mais comme un droit positif, comme un droit écrit que
la nation française s'est approprié par les capitulations
d'Alger et de Constantine.

Des dispositions légales qui ont maintenu les statuts indigènes pour les successions.

Il nous reste à rechercher maintenant si les statuts des
Indigènes ont depuis lors été abrogés ou modifiés en matière
de successions.

En ce qui concerne les Musulmans, disons de suite que
le doute n'est pas possible et que leurs coutumes en matière de succession, loin d'avoir subi aucune modification,
ont au contraire été confirmées de la manière la plus expresse ; d'abord par l'art. 47 de l'ordonnance du 25 décembre 1842 sur les successions vacantes en Algérie ; puis, par
l'art. 47 du décret impérial du 1er octobre 1854 sur l'organisation de la justice musulmane et par l'art. 40 du décret
en date du 30 décembre 1859 qui a rapporté le précédent.

Des doutes se sont élevés en ce qui concerne les Israélites algériens, mais les raisons sur lesquelles on les ap-
puye ne sont pas de nature à pouvoir faire considérer comme
abrogées les dispositions législatives qui ont réservé à ces
Indigènes, aussi bien qu'aux Musulmans, le bénéfice de
leurs lois et coutumes religieuses.

(1) Mailhor de Chassat, *Traités des Statuts*, nᵒˢ 291, p. 374.

Ainsi, les considérations que l'on invoque s'étayent beaucoup plus du silence que le législateur a gardé relativement à ces successions, que d'une abrogation formelle ou implicite résultant de dispositions contraires aux statuts des Israélites. Mais, en l'absence d'un document législatif qui fournisse la trace de l'intention qu'aurait pu avoir le législateur de modifier, pour ces Indigènes, un état de choses qu'il a maintenu et conservé pour les Musulmans, il n'est pas permis d'argumenter du silence de la loi; car il n'est pas reçu dans le droit français que la loi s'abroge par une sorte de prétérition.

Une abrogation formelle et manifeste est surtout nécessaire quand il s'agit de déclarations solennelles du Gouvernement français qui peuvent être justement considérées comme des traités publics, et qui ont été suivies d'un grand nombre d'actes législatifs qui en sont la consécration et l'exécution.

Parmi les documents de cette nature, qui prouvent le maintien des lois et coutumes des Indigènes, la capitulation du 5 juillet 1830 est le moins discutable au point de vue de l'étendue des concessions qui ont été faites aux habitants de l'Algérie. En stipulant formellement que « la liberté des « habitants *de toutes les classes*, leur religion, leurs pro- « priétés, leur commerce et leur industrie ne recevront « aucune atteinte », les Indigènes ont évidemment réservé toutes les dispositions de leurs lois et coutumes qui constituent leur statut personnel et *réel*. La généralité des termes de cette capitulation, que l'on peut considérer comme la charte statutaire des Indigènes de l'Algérie, et l'exécution qu'elle a reçue, ne laissent aucun doute à cet égard.

Ainsi, c'est en considération des engagements contractés par cette convention synallagmatique que l'arrêté du 22 octobre 1830, sur l'organisation judiciaire en Algérie, a déclaré que les Indigènes israélites et musulmans seraient jugés conformément à leurs lois religieuses, et qu'un arrêté du 28 mai 1832, encore en vigueur, décide que les transactions sur immeubles, entre Indigènes, continueront à être régies par le droit antérieur, jusqu'à ce qu'il en ait été autrement ordonné.

Enfin, les ordonnances du 10 août 1834, du 28 février 1841 et du 26 septembre 1842 ont encore décidé, en exécution des mêmes promesses, que les conventions entre Indigènes et les contestations relatives à leur état civil, aux mariages et aux répudiations seraient jugées d'après leur loi religieuse. Il est vrai que ces ordonnances suppriment la juridiction des tribunaux israélites et certaines attributions des rabbins ; mais on n'y aperçoit aucune intention d'innover en ce qui concerne le fond même des coutumes des Indigènes, en quelque matière que ce soit, et spécialement en ce qui concerne les rapports *réels* de la famille. Si un changement dans le partage des successions avait été dans la pensée du législateur, il est évident qu'il l'aurait consacré en termes exprès ; une innovation qui a pour effet de changer les rapports intérieurs de la famille et d'en partager le patrimoine d'après des règles jusqu'alors inusitées pour elle, doit s'affirmer clairement et ne peut pas s'induire du silence du législateur, ni de quelques restrictions qui concernent le droit de juridiction.

Enfin ce qui démontre qu'aucune atteinte n'a encore été portée aux statuts des Indigènes en cette matière, c'est que les ordonnances de 1841 et de 1842 sur l'organisation judiciaire, embrassent dans une même disposition (art. 37), et dans les mêmes termes, les Israélites et les Musulmans. Or, depuis des ordonnances, ces derniers n'avaient pas cessé de partager leurs successions conformément à leur loi religieuse, jusqu'au décret du 1er octobre 1854 qui a déclaré qu'elles continueraient à être liquidées suivant leurs coutumes. Il n'y avait donc pas eu d'innovation sur ce point en vertu des ordonnances précitées.

C'est du reste ce que proclame la jurisprudence constante

de la Cour et des tribunaux d'Alger, dont les décisions en cette matière reposent sur les raisons suivantes, savoir :

Que l'art. 37 de l'ordonnance du 26 septembre 1842 a maintenu aux Indigènes leur statut personnel et leurs lois religieuses ;

Que leur *état civil* et leur *nationalité* les distinguent encore des Français ; que le droit de recueillir une succession étant au nombre des droits qui tiennent à l'état civil des individus, il en résulte que le statut réel des Israélites découle de leur statut personnel comme l'effet de sa cause (1).

En conséquence de ces principes, il a été décidé :

1° Que la succession d'un enfant mineur israélite, décédé sans postérité, appartient à son oncle paternel, à l'exclusion de la mère de cet enfant (Arrêt de la Cour impériale d'Alger du 23 janvier 1855, affaire Zérapha) ;

2° Que la succession mobilière et immobilière d'un Israélite algérien revient à ses fils, à l'exclusion de ses filles (Jugement du tribunal civil d'Alger. 1ʳᵉ chambre, du 5 novembre 1858, affaire Zermati.) ;

3° Enfin que la succession immobilière d'un Israélite algérien doit se partager entre ses descendants à l'exclusion de ses filles, conformément au droit mosaïque (Jugement du même tribunal, 2° chambre, du 26 juillet 1860, affaire Cohen Solal).

Telles sont quelques-unes des applications que reçoit encore en Algérie le prétendu droit qui règle les successions israélites. Elles prouvent assez que ce droit, qui ne s'appuie sur aucune croyance religieuse, qui n'a plus au-

(1) Cette dernière conséquence, érigée en principe général par l'arrêt du 23 janvier 1855, paraît devoir être restreinte dans son application à la situation juridique des Indigènes de l'Algérie. En effet, il est certain qu'en France le statut personnel d'un étranger ne peut faire fléchir le principe qui est écrit dans l'art. 3 du Code Napoléon, ni l'ordre des successions, tel qu'il est réglé par le Code civil. C'est la loi de la situation de l'hérédité qui habilite l'héritier et qui règle la dévolution des biens ; dès lors, le statut personnel n'est pas *la cause naturelle et nécessaire* « d'où découle le statut réel ; comme l'effet de sa cause. »

cune raison d'être et qui suscite des réclamations en quelque sorte instinctives, contrarie ouvertement un des principes fondaméntaux du droit public français qui veut l'égalité
dans le partage des successions.

Maintenant que nous sommes édifiés sur les raisons juridiques qui le font maintenir et que nous savons aussi l'origine et le fondement de cette « coutume antique, mais
« impie (1) », qui s'écarte du vœu de la nature en créant
une classe de déshérités parmi les enfants d'un même père,
il nous reste à indiquer les considérations qui réclament
son abolition.

Pour cela, il suffira de mettre en regard de la loi mosaïque les principes qui président dans le droit français au
partage des successions.

On sait que, dans le droit mosaïque, la loi successorale est
dominée par la règle inflexible qui veille au maintien de la
constitution territoriale et qui lui subordonne les droits les
plus sacrés de l'homme.

Combien sont plus élevés et plus généreux les principes
que l'Assemblée constituante a décrétés pour le partage des
successions ! Au lieu du principe matérialiste qui redoute le
déplacement de la propriété et qui cherche à la maintenir
dans les mains de quelques privilégiés qui succèdent au chef
de la famille et à son autorité, elle abolit d'abord les droits
d'aînesse et de masculinité (décret du 15 mars 1790); puis
elle proclame que tous héritiers en égal degré succèderont
par portions égales dans chaque souche, dans le cas où la
représentation est admise ; enfin elle efface des coutumes

---

(1) Formules de Marculfe, livre II, chap. xii. « C'est chez nous
« une coutume antique, mais impie, que les sœurs n'entrent pas en
« partage avec leurs frères dans la terre paternelle. Moi j'ai pensé
« que, donnés tous à moi également de Dieu, vous deviez trouver
« tous en moi égal amour, et, après mon départ d'ici-bas, jouir éga-
« lement de mes biens. A ces causes, ô ma très-douce fille, je te cons-
« titue par cette lettre, à l'encontre de tes frères, égale et légitime
« héritière en tout mien héritage ; de sorte que tu partages avec eux,
« non-seulement dans mes acquêts, mais dans l'allod paternel. »

les exclusions des filles et de leurs descendants, et les droits de dévolution qui mettaient l'inégalité entre les enfants de différents lits (Décret du 8 avril 1791).

Lorsqu'il s'agit de protéger ces principes contre les atteintes que pourrait y apporter le droit de tester, le discours posthume de Mirabeau, ceux de Tronchet et de Robespierre, fournissent des considérations si puissantes en faveur d'une égale répartition des biens de la famille, en ligne directe, qu'il ne restera, plus tard, au testateur, qu'une faible latitude pour récompenser un dévouement filial ou pour laisser après lui quelques témoignages d'affection.

« Que les Français donnent l'exemple, » dit le discours de Mirabeau, « et ne reçoivent la loi que de la raison et « de la nature... Si la nature a établi l'égalité d'homme à « homme, à plus forte raison de frère à frère... Je demande « si l'inégalité du sort qui attend les enfants d'un même « père n'est pas d'avance une source de jalousie, de désu- « nion, de haine ou d'indifférence domestique, et si ces « tristes et naturels effets ne se prolongent pas souvent « dans la société de manière à diviser pour toujours les « branches d'une même famille?

« Il y a plus; je crois que l'éducation d'une famille tend « à se régler sur le sort qui attend les enfants dans le par- « tage des biens domestiques (1). »

Quelques jours après la lecture de ce discours, celui de Robespierre, qui n'est pas moins élevé dans ses vues politiques, développait encore des considérations qui méritent d'être citées.

« Dans certains pays, disait cet orateur, la faculté de tes- « ter a la plus grande latitude ; dans d'autres, elle est inter- « dite avec rigueur. L'une de ces lois est fondée sur le « vœu de la nature, qui semble exiger l'égalité entre les

---

(1) Discours de Mirabeau sur l'égalité des partages. — *Histoire de la Constituante*, par Buchez et Roux, t. V, appendice, p. 628 et 629.

« enfants; mais ce n'est pas là le principe fondamental de
« cette loi : il en existe un autre d'une importance majeure
« dans l'état politique et qui s'applique aux successions col-
« latérales. Ce principe, c'est que la trop grande inégalité
« dans les fortunes est la source de l'inégalité politique, de
« la destruction de la liberté. D'après ce principe, les lois
« doivent toujours tendre à diminuer cette inégalité dont
« un certain nombre d'hommes font l'instrument de leur
« orgueil, de leurs passions et souvent de leurs crimes.
« Les grandes richesses corrompent ceux qui les possèdent
« et ceux qui les envient (1). »

C'est dans ces vues, et d'après ces principes si admira-
rablement formulés, que le système des successions a été
réglé par le droit français.

Il faut donc admettre l'égalité dans les partages de succession entre les Israélites, parce qu'il y a égalité de droits
entre les enfants d'un même père, parce qu'ils ont les
mêmes besoins, et que la conservation des uns et des autres
doit lui être également chère.

Si de la sphère des besoins domestiques on s'élève aux
notions sur lesquelles repose la dignité humaine, il faut
reconnaître qu'il y a parité de droits entre les enfants, et
que l'éducation des femmes a aussi son importance; car
elles ne sont ni moins nécessaires ni moins précieuses à la
société que l'homme.

Enfin, si l'on se place au point de vue politique et économique, la consécration du droit des femmes dans le partage
des successions trouve encore l'appui des considérations
suivantes que nous puisons dans le testament politique de
Mirabeau :

« L'égalité du partage des biens domestiques est liée avec
« les moyens d'encourager les mariages, d'accroître la po—

____

(1) *Histoire de la Constituante*, par Buchez et Roux, appendice, t. V,
p. 630.

« pulation, d'augmenter le nombre des propriétés foncières,
« comme aussi elle tient aux moyens d'entretenir *cette*
« *égalité générale* qui est à la fois l'un des principes et des
« points de vue de votre excellente constitution (1). »

Concluons, de tout ce que nous avons exposé, que le système des successions, tel qu'il est réglé par la loi mosaïque, doit maintenant disparaître du sein de la nouvelle société qui se forme en Algérie à l'image de la société française ; que, celle-ci ayant organisé la famille en liant ses rapports intérieurs et réels aux intérêts généraux et aux principes politiques de la nation française, qui se résument dans la plus grande égalité possible, il est nécessaire, pour l'accomplissement de la mission civilisatrice dont la France s'est chargée en Algérie, de coordonner le partage des successions entre Israélites avec les mêmes intérêts et les mêmes principes ; qu'en un mot il est opportun, comme nous l'avons déjà dit, de créer un même ordre de propriétés pour préparer un même ordre de propriétaires.

(1) *Histoire de la Constituante*, par Buchez et Roux, appendice, t. V, p. 629.

CHAPITRE VII

De la propriété entre Indigènes. — De ses transmissions et affectations.

But des premières dispositions de loi concernant la propriété en Algérie jusqu'en 1851. — Protection exclusive des intérêts européens en Algérie. — La loi du 16 juin 1851 conserve encore ce caractère. — Le décret du 30 octobre 1858 commence à protéger la propriété indigène. — En dehors de cette mesure protectrice, la législation des Indigènes sur la propriété n'a subi aucune amélioration sensible. — Doutes et objections en ce qui concerne le statut réel des Israélites. — Régime hypothécaire. — Hypothèques occultes. — Dangers qui en résultent pour les Indigènes. — Réformes possibles. — Esprit dans lequel elles doivent être faites.

Presque toutes les dispositions législatives qui concernent la propriété, en Algérie, ont été prises en vue de protéger les droits des acquéreurs européens ou leurs créances hypothécaires contre toute recherche ou inquiétude de la part des Indigènes ou de leurs ayant-droit. On peut citer, comme visant plus particulièrement à ce but, les arrêtés des 21 juin et 11 juillet 1831, qui prescrivent, sous peine de nullité, l'enregistrement de tous actes translatifs de propriété dans l'étendue de la régence d'Alger, dans un délai de huit jours, à partir de la date de ces actes; puis l'ordonnance royale du 1" octobre 1844 sur la propriété, qui consolide toutes les acquisitions antérieures et trace des règles protectrices pour l'avenir; enfin la loi du 16 juin 1851, dont l'art. 17 reproduit la disposition contenue en l'art. 3 de l'ordonnance de 1844, qui affranchit les ventes consenties à des Européens de toute action en nullité fondée sur le motif que les immeubles étaient inaliénables aux termes de la loi musulmane.

En étendant cette mesure protectrice aux transactions immobilières passées entre Musulmans ou entre Musulmans et Israélites, le décret impérial du 30 octobre 1858 a inauguré la première disposition qui ait abrité les Indigènes contre les fraudes si nombreuses et si faciles auxquelles ont donné lieu le défaut d'authenticité ou le manque de date certaine dont sont entachés presque tous leurs actes translatifs de propriété ou de droits réels. Il est vrai que les décrets du 1" octobre 1854 et du 31 décembre 1859, sur l'organisation de la justice musulmane, contribuent à diminuer le mal ; mais il restera toujours considérable tant qu'on n'assujétira pas la propriété indigène, située en territoire civil, aux mêmes règles et aux mêmes lois que celles qui sont applicables à la propriété des Européens.

En dehors des mesures protectrices que nous avons indiquées, la législation des Indigènes sur la propriété n'a subi aucune modification sensible, soit dans ses divers modes de transmission par contrats ou par actes entre-vifs, soit en ce qui concerne les acquisitions ou extinctions de droits réels ou de servitude, par usucapion ou par prescription, soit enfin pour tout ce qui concerne son régime hypothécaire.

Cette proposition est incontestable en ce qui touche les Musulmans et se justifie notamment par les articles 11, 16 et 17 de la loi du 16 juin 1851, sur la propriété, et par l'art. 10 de l'arrêté du 28 mai 1832, relatif à la conservation des hypothèques en Algérie.

A l'égard des Indigènes israélites, la question présente des difficultés et des raisons de douter qu'il est bon d'indiquer, sans prétendre autre chose que déterminer l'état des difficultés que soulève la loi de 1851.

On a vu qu'aux termes de l'ordonnance du 26 septembre 1842, les Indigènes israélites sont présumés contracter entre eux suivant leurs lois et coutumes ; qu'ils sont jus-

ticiables des tribunaux français dans toutes les circonstances de la vie, et que leurs rabbins n'ont conservé que
des attributions religieuses.

Depuis cette époque, les transactions qui ont trait à
leurs propriétés se sont faites par actes sous seings-privés
ou par actes notariés, sans qu'aucune loi ait déclaré que
les dispositions du Code civil leur seraient applicables.
Ainsi, tout ce qui concerne, dans la loi française, la capacité et le consentement des parties, la nature et les effets
du contrat, ses causes de rescision, les formalités relatives à la transcription ou à l'inscription des droits d'hypothèque, était-il applicable aux actes translatifs de propriétés ou d'hypothèque entre Israélites ? Rien ne décidait
que tel dût être le droit, et, en fait, on l'a souvent appli-
qué, et souvent aussi les Israélites l'ont suivi.

C'est dans cette situation qu'est intervenue la loi de
1851, sur la propriété algérienne, dont l'article 16 dispose
qu'entre toutes personnes, AUTRES *que les Musulmans, les
transmissions de biens seront régies par le Code civil.*

De là on a conclu que les Indigènes israélites sont entièrement assimilés aux Français quant à leurs propriétés, immobilières, soit qu'il s'agisse des divers modes de transmission, soit qu'il s'agisse des diverses affectations hypothécaires dont elles peuvent être l'objet.

Mais il est à remarquer, d'abord, que cette opinion, si radicale, fait dire au texte beaucoup plus que ses termes ne
comportent. En effet, ni dans les travaux préparatoires de
la loi, ni dans les discussions qu'elle a soulevées, ni dans
l'ensemble de ses dispositions, on ne trouve une expression
qui puisse faire reconnaître avec certitude une dérogation
formelle aux lois et coutumes qui jusqu'alors avaient régi,
entre Israélites, la propriété immobilière et les transactions qui peuvent l'intéresser. Il n'y est pas même fait men-
tion de cette classe d'Indigènes dont les statuts réels sont
restés en vigueur depuis l'arrêté du 28 mai 1832.

A côté de cette première interprétation, il s'en est placé une autre. En l'absence d'une disposition expresse qui modifie le régime antérieur de la propriété israélite, on l'a considérée, comme la propriété musulmane, *affranchie des formalités* que la loi de 1851 impose à toute autre personne.

Indépendamment des considérations qui sont tirées du silence de la loi, cette opinion trouve encore son appui dans le motif qui a déterminé le législateur de 1851 à remettre à la loi musulmane le soin de régler les transmissions de biens de Musulman à Musulman. Or, ce motif, clairement exprimé par le rapporteur de la Commission nommée par l'Assemblée législative, est : « qu'il ne fallait pas contrarier « des habitudes fondées sur les lois les plus certainement « acceptées, » en imposant aux Musulmans l'emploi de formalités qui ne sont nullement de l'essence des contrats.

Enfin, ce qui ferait penser que le législateur de 1851 envisageait alors les différentes classes d'Indigènes comme restant soumises à l'empire de la législation antérieure du pays, c'est qu'en s'occupant de créer le Domaine de l'État en Algérie, l'article 4 de la loi de 1851 déclare que ce Domaine se compose des biens qui sont dévolus à l'État « par « suite de déshérence, en vertu de l'article 768 du Code « civil, pour les Français et les Étrangers, *et en vertu du* « *droit musulman, pour les Indigènes.* » Or, à moins de déclarer que les Israélites sont Français ou Étrangers, ou bien encore que leurs successions en déshérence ont été omises dans les dispositions de cette loi, il faut reconnaître que, par les expressions : *droit musulman*, le législateur a entendu désigner la législation du pays : celle qui régit spécialement les Indigènes de toutes les classes : Israélites et Musulmans.

Quoi qu'il en soit de toutes ces interprétations, et alors même que l'art. 16 de la loi dont il s'agit serait applicable aux Indigènes israélites, il ne ferait tomber sous l'empire du Code civil que les transmissions de biens par contrats, en laissant toujours subsister pour tous les Indigènes les dispositions de l'arrêté du 28 mai 1832 qui les dispensent de l'accomplissement des formalités hypothécaires, lorsqu'ils contractent entre eux.

Dans cette situation légale, tous les droits d'antichrèse, de privilége ou d'hypothèque qui peuvent grever leurs propriétés, demeurent occultes et ne se révèlent au public que dans les cas, assez rares, où les contrats qui les ont constitués sont suivis d'une tradition réelle et patente des propriétés qui en sont affectées.

Dans ce dernier cas, non-seulement la fraude est toujours facile à l'égard des Indigènes, mais ils courent encore le risque, assez fréquent, de voir leurs lois et leurs contrats sans force et sans efficacité, chaque fois que leurs intérêts sont en conflit avec des droits hypothécaires conférés à des Européens (1). C'est ainsi que, tout en étant affranchis de l'obligation de connaître la loi française et de s'y conformer pour leurs contrats hypothécaires, il arrive que, par suite de faits indépendants de leur volonté, les Indigènes sont punis dans leurs biens pour n'avoir pas suivi une loi qui ne les régit pas, et qui leur devient funeste quand elle voulait être protectrice. À côté des inconvénients sans nombre qui naissent de cet état de choses, peut-on alléguer, pour justifier l'inaction ou l'abstention du législateur, le respect que réclament « des habitudes fondées « sur des lois qu'on a tolérées? » Mais les Indigènes ne les suivent plus que rarement en territoire civil, et puis elles leur sont préjudiciables, malgré la consécration qu'on leur a donnée. L'intervention de la loi est donc nécessaire pour mettre fin à une situation qui ne convient à personne, qui n'engendre que trouble et confusion, et qui paralyse les transactions entre les Indigènes et les Européens.

Sur ce point, comme sur tant d'autres, les réformes sont

____

(1) Tribunal d'Alger, 18 mai 1850. Cour d'Alger, 30 juillet 1851.

4

justifiées et facilement praticables. Que le territoire civil soit soumis à la loi française, sans aucune distinction entre ceux qui le possèdent, pour toutes les transmissions de biens qui ont lieu par contrats ou par décision de justice, comme pour toutes les affectations hypothécaires dont il peut être l'objet, et alors la sécurité des transactions existera pour tout le monde, sans qu'il soit nécessaire de faire fléchir l'intérêt des Indigènes devant l'intérêt des Européens

Ce sera un nouveau pas vers l'égalité et vers l'unité de législation, qui sont les principaux dogmes politiques qui dominent sur le sol de la France, et qui doivent réagir sur le sol de l'Algérie pour préparer les voies à notre civilisation.

« Puisque c'est le principe politique qui couvre le sol,
« dit Mailher de Chassat, il ne peut le faire qu'avec effica-
« cité : or, comment parvenir à garantir le libre dévelop-
« pement de ce principe, si toutes les forces de la loi ne
« viennent le couvrir lui-même de ses interprétations, du
« poids de sa volonté souveraine, pour régler d'une ma-
« nière absolue les divisions territoriales, le mouvement et
« le sort des propriétés, les divers modes de les affecter,
« de les lier au bien général, à la destinée politique du
« pays (1). »

Pour nous résumer sur la condition de la propriété privée entre Indigènes, disons qu'elle souffre encore du besoin d'être moins incertaine et plus efficacement protégée par une législation uniforme ; que sur la plus grande partie du territoire de l'Algérie, elle n'a aucune valeur économique et aucune utilité sociale, parce qu'elle est collective, et que, dans cet état, elle ne stimule pas l'énergie de l'intérêt personnel, dont les efforts profitent toujours à l'intérêt commun, quand ils s'attachent à la terre ; qu'enfin son

(1) Mailher de Chassat, *Traités des Statuts*, n° 286, p. 370.

état d'indivision prive le pays d'un impôt très-légitime que les besoins publics rejettent sur d'autres matières où il pèse trop lourdement et jusqu'à devenir une entrave à la prospérité du commerce.

Appelons donc de tous nos vœux les grandes mesures de délimitation et de cantonnement qui permettent de réaliser, à l'égard du sol de l'Algérie, l'unité de législation et le libre développement de tous les principes qui ont purgé le sol de la France des coutumes disparates qui le couvraient avant 1789.

CHAPITRE VIII

Du rôle de la magistrature dans l'application des lois qui régissent les Indigènes.

*Mission de la jurisprudence à l'égard des Indigènes. — Éten-
due de son pouvoir discrétionnaire dans les pays nouveaux.
— Son caractère protecteur pour contrebalancer les inconvénients de l'inégalité civile. — Son action sur les con-
tumes et les institutions des Indigènes. — La loi française
peut être appliquée quand il y a obscurité ou insuffisance
de la loi des Indigènes, et ces cas sont fréquents. — Utilité de la transcription des jugements et arrêts sur appel
en marge des décisions des cadis. — Nécessité d'étendre
aux contestations entre Israélites une disposition analogue
à celle de l'art. 37 du décret du 31 décembre 1859.*

En parcourant les principaux points de la condition civile des Indigènes qui nous ont paru mériter l'attention de
ceux qui doivent veiller à la marche du progrès en Algérie, nous n'avons indiqué que d'une manière très-sommaire
les réformes nécessaires pour hâter l'assimilation des habitants originaires du pays. Il ne faudrait donc pas juger du
bien qui reste à faire à leur égard, en ne considérant que
les questions que nous avons soulevées, mais en envisa-
geant toute la distance morale qui existe encore entre les
Français et ces nouveaux adeptes de notre civilisation. Ceux
qui mesureront toute la tâche qui reste à remplir reconnaî-
tront facilement, après Montesquieu, que « le droit de con-
« quête est un droit nécessaire, légitime et malheureux, qui
« laisse toujours à payer une dette immense, pour s'acquit-
« ter envers la nature humaine (1). »

Cette dette s'acquitte, il est vrai ; mais elle aurait pu être

(1) *Esprit des Lois*, livre X, chap. ix infine.

amoindrie jusqu'à ce jour dans une proportion plus considérable ; car il y a déjà quelque temps que les symptômes de la transformation que poursuit la France sont des plus favorables, et, loin d'être réfractaires au progrès, les Indigènes paraissent s'y prêter avec d'autant plus de facilité, que les bienfaits de notre civilisation deviennent de jour en jour plus sensibles pour eux. Il est certain, en effet, que la législation qui tend à leur assimilation les a tirés de leur torpeur habituelle, pour les initier d'une manière plus intime au train ordinaire de notre existence civile et aux progrès de notre civilisation.

Mais cette action de la loi n'est pas la seule qui puisse agir en faveur de la civilisation ; la jurisprudence coopère aussi à son œuvre, d'une manière plus lente, il est vrai, mais non moins efficace. Dans ses décisions, dont l'effet est moins général que celui de la loi, elle peut tempérer la rigueur des textes qui régissent encore les Indigènes par des applications plus douces, plus équitables et plus conformes à l'esprit de notre civilisation. Par des transitions prudentes, elle peut faire céder les règles inflexibles de la loi religieuse des Indigènes à la pente irrésistible des faits et des idées nouvelles.

C'est surtout dans les sociétés naissantes que la mission de la jurisprudence s'agrandit, et que le juge empiète, en quelque sorte, sur les prérogatives du pouvoir législatif, pour répondre à toutes les situations et aux besoins toujours nouveaux que font naître les progrès de la civilisation et la transformation des mœurs.

L'histoire du droit plétorien chez les Romains démontre l'impérieuse nécessité d'étendre le pouvoir du juge, lorsque sa juridiction s'exerce sur des individus qui entrent en contact avec un droit civil qui leur est étranger, et qui ne les traite pas sur le même pied d'égalité. D'un autre côté, l'expérience de tous les temps démontre aussi que lorsque l'égalité civile s'altère au sein d'une même agglomération de sujets, les individus qui ne réunissent plus les mêmes conditions entrent nécessairement dans une dépendance matérielle et une infériorité morale qui leur sont toujours nuisibles. Il faut donc un pouvoir protecteur pour amoindrir en leur faveur le résultat d'une pareille situation. En Algérie, cette mission revient de droit aux tribunaux français. Gardiens et organes du droit civil, ils ne peuvent en abroger aucune disposition, aucune prohibition formelle, dans les contestations qui ont lieu entre les Français ; mais, dans celles qui surgissent entre les Indigènes, nous pensons qu'au lieu de s'astreindre, dans toutes les circonstances, à l'application des textes que l'on exhume de l'obscurité où le temps les avait plongés (1), nos tribunaux doivent battre en brèche des institutions et des coutumes qui n'ont plus de racines dans les mœurs ; qu'ils doivent corriger les antinomies qui se révèlent dans le contact des diverses législations qui se heurtent en Algérie, en se souvenant toujours que la loi de la nation vaincue n'a pas été maintenue pour qu'elle soit un obstacle à son émancipation, et que, dans tous les cas, elle ne l'a été que sous la réserve des droits et de l'empire que réclame notre civilisation (*salva juris publici reverentia*).

Nous savons que la magistrature algérienne renferme dans son sein d'éminentes intelligences ; que son expérience s'est familiarisée depuis longtemps avec les questions les plus ardues, et que, par suite, sa ligne de conduite à travers les difficultés de sa mission n'a pas besoin d'être éclairée en dehors de l'enceinte où elle s'accomplit ; mais, au moment où la juridiction qu'elle exerce sur les Indigènes l'appelle à scruter le droit mosaïque et le Coran, en pénétrant la triple couche qui recouvre ces faunes de l'esprit humain, c'est-à-dire la tradition, la doctrine et les commentaires, il peut être utile que tous ceux qui concourent à l'administra-

____

(1) Nous voulons parler ici plus particulièrement de la loi mosaïque.

tion de la justice ne soient pas épris d'un trop grand amour pour toutes les vieilles coutumes qui couvrent encore le sol de l'Algérie, altérées et tronquées par le temps et par les hommes, comme ces colonnes frustes que recherchent les antiquaires.

Sans doute, il y a des usages qu'il faut respecter ; mais, sans vouloir dégager entièrement le présent de ses rapports naturels avec le passé, il est facile de reconnaître, par l'expérience de chaque jour, qu'il existe un grand nombre de points où l'on peut appliquer aux contestations entre Indigènes des règles puisées dans notre législation. Il doit en être ainsi chaque fois qu'il y a *obscurité* ou *insuffisance* dans la loi qui régit les Indigènes : du moins, tel nous paraît être le sens de l'article 6 du décret impérial du 31 décembre 1859, sur l'organisation de la justice musulmane (1).

L'influence que la magistrature française peut exercer ainsi sur la pratique de la vie civile des Musulmans, sera considérable ; mais elle pourrait être plus efficace et plus féconde encore, si un exemplaire de ses décisions était transmise au cadi de chaque circonscription judiciaire et conservé dans les archives comme exemple et comme règle de conduite pour les cas identiques ou analogues aux espèces jugées (2).

Sans doute, l'action de la loi sur les populations indigènes sera toujours plus énergique et plus profonde que celle de la jurisprudence ; mais celle-ci aura tout à la fois l'avantage de ne pas contrarier trop subitement leurs coutumes, et de s'imposer aux justiciables avec toute l'autorité d'une loi, puisque ses décisions ne sont susceptibles d'aucun re-

(1) Sous quelque prétexte que ce soit, même celui du silence ou de l'obscurité de la loi, les tribunaux ne peuvent, sous peine de déni de justice, refuser de statuer sur la demande des parties (Art. 6 du décret du 31 décembre 1859).

(2) Les justiciables auraient ainsi sous la main les titres qui consacrent leurs droits et qu'ils sont obligés de venir chercher à de grandes distances de leur résidence.

cours en cassation (Décret du 31 décembre 1859, art. 37).

En ce qui concerne les Israélites, il est à regretter que la même latitude n'ait pas été donnée depuis longtemps aux tribunaux français dont cette classe d'Indigènes est justiciable à tous les degrés de juridiction. Par un oubli ou par une inconséquence qui ne peuvent s'expliquer que par l'incertitude et le doute qui planent sur la condition juridique des Israélites, les jugements et arrêts qui sont rendus dans les contestations qui surgissent entre eux, sont susceptibles d'un recours en cassation pour violation de ce qu'on appelle le droit mosaïque et le droit rabbinique. De telle sorte que les magistrats français, qui sont tenus d'appliquer ce droit sans qu'ils puissent en vérifier les textes ou en connaître les traditions, peuvent voir leurs décisions anéanties, suivant qu'ils se sont plus ou moins inspirés de l'avis de tel ou tel rabbin, plutôt que des doctrines de l'école de Hillel ou de Schammaï.

On peut croire que, sur ce point, comme sur plusieurs autres qui intéressent les Israélites, l'attention du Gouvernement n'a peut-être pas été suffisamment éveillée. Quoi qu'il en soit, il serait injuste de reprocher le même silence aux magistrats qui connaissent des contestations entre ces Indigènes ; car, dans quelques-unes de leurs décisions, on trouve des indices certains du regret qu'ils éprouvent d'être obligés d'appliquer encore la loi mosaïque. Leur conscience se récrie, en quelque sorte, contre cette nécessité ; mais, en même temps, leur décision proclame que « c'est le de-« voir et l'honneur du juge d'appliquer même la loi qu'il « désapprouve (1). »

Il faut reconnaître qu'en thèse générale cette conduite doit être celle du juge ; mais, lorsque la loi du pays est inique et qu'elle viole les droits naturels les plus sacrés, il nous paraît certain que l'ordonnance de 1842, qui maintient

____

(1) Arrêt Zeraffa du 23 janvier 1855.

la législation des Indigènes, n'a pas entendu qu'une pareille loi fut respectée. S'il en était autrement, il faudrait regretter que le législateur français n'ait laissé à la magistrature algérienne qu'une latitude bien plus restreinte que celle de ces juges dont la mission est si bien dépeinte par Michelet dans ses *Origines du droit français :*

« C'est un beau et religieux spectacle, dit-il, de voir avec
« quel scrupule le juge romain se laisse pousser, d'inter-
« prétation en interprétation, *hors de la loi écrite*, mar-
« chant, traîné plutôt, et ne convenant jamais qu'il a mar-
« ché! Il faut voir comme il ruse avec le vieux texte,
« comme il arrache de l'impitoyable airain (la loi des
« XII Tables) des pensées de douceur et d'équité qui n'y
« furent jamais. Le vieux sophiste ment respectueusement
« à la loi écrite, pour ne pas mentir au droit éternel (1). »

Sans vouloir inciter la magistrature algérienne à ruser avec les anciens textes qu'elle est chargée d'appliquer dans les contestations entre Indigènes, nous croyons qu'elle doit marcher en avant au risque de sortir de la loi écrite ; qu'elle doit se préoccuper aussi du principe politique qui domine la législation française et qui contribuera si puissamment à faire rayonner la civilisation et la justice en Algérie : c'est-à-dire du principe de l'égalité devant la loi.

(1) *Origines du droit français*, p. 113.

CONCLUSION

Il est nécessaire que le Gouvernement s'occupe, avec plus de suite, de la situation sociale de l'Algérie, situation qu'un respect trop scrupuleux des lois et des coutumes indigènes a rendue trop complexe et nuisible à la prospérité du pays.

Les circonstances permettent à la loi de reprendre toute sa suprématie sur les coutumes.

L'intervention du législateur est urgente et depuis longtemps réclamée par les Indigènes eux-mêmes sur un grand nombre de points.

Leur état civil est au premier rang des questions qui demandent une solution.

Une loi sur leur naturalisation et celle des Étrangers est devenue d'une nécessité impérieuse, si l'on veut faire cesser les difficultés qui surgissent du conflit des lois et des intérêts qu'amène l'existence des trois sociétés distinctes qui vivent côte à côte en Algérie.

L'esprit des mesures qui ont avancé l'assimilation des Indigènes israélites permet, sans danger, leur naturalisation générale. Par cette émancipation on ferait cesser la déplorable incertitude qui règne à l'égard de leurs mariages et des effets qu'ils produisent.

Le partage de leurs successions doit être réglé conformément à la loi française.

La propriété indigène n'est pas suffisamment protégée contre la fraude, et le régime hypothécaire, qui affranchit les Indigènes des formalités protectrices de la loi française, est pour eux une fréquente occasion de ruine.

Il serait facile d'étendre l'empire de la loi française sur tout le territoire civil, en ce qui concerne les transmissions de la propriété et ses modes d'affectation hypothécaire.

La loi de 1851 sur la propriété a donc besoin d'une disposition complémentaire, en ce qui concerne les Indigènes.

Enfin, le contact fréquent des Indigènes avec la population européenne, avec nos lois et nos tribunaux, révèle d'heureux indices pour la possibilité d'une assimilation judiciaire; les tribunaux peuvent y contribuer puissamment par l'application de la loi française et de ses principes dans les cas si fréquents où l'obscurité et le silence de la loi indigène exigent que l'on ne s'arrête point à l'autorité des commentateurs de ces prétendues lois.

A. POIVRE.

25 janvier 1862.

TABLE DES MATIÈRES